COPYWRITING

JIM EDWARDS

COPYWRITING

o guia definitivo para transformar palavras em **ouro**

São Paulo

2022

Copywriting secrets: how everyone can use the power of words to get more clicks, sales, and profits… no matter what you sell or who you sell it to!

© 2018 by Jim Edwards / Guaranteed Response Marketing, LLC
© 2022 by Universo dos Livros

Todos os direitos reservados e protegidos pela Lei 9.610 de 19/02/1998.

Nenhuma parte deste livro, sem autorização prévia por escrito da editora, poderá ser reproduzida ou transmitida sejam quais forem os meios empregados: eletrônicos, mecânicos, fotográficos, gravação ou quaisquer outros.

Diretor editorial: **Luis Matos**
Gerente editorial: **Marcia Batista**
Assistentes editoriais: **Letícia Nakamura e Raquel F. Abranches**
Tradução: **Flávia Yacubian**
Preparação: **Monique D'Orazio**
Revisão: **Bia Bernardi e Nathalia Ferrarezi**
Diagramação: **Vanúcia Santos**
Arte: **Renato Klisman**
Capa: **Zuleika Iamashita**

Dados Internacionais de Catalogação na Publicação (CIP)
Angélica Ilacqua CRB-8/7057

Edwards,   Jim
    Copywriting : o guia definitivo para transformar palavras em ouro / Jim Edwards ; tradução de Flávia Yacubian. — São Paulo : Universo dos Livros, 2022.

    240 p., il.

    ISBN 978-65-5609-300-0

    Título original: Copywriting Secrets

    1. Marketing digital 2. Vendas 3. Anúncios – Redação 4. Propaganda – Linguagem I. Título II. Yacubian, Flávia

    22-4190 CDD 658.85

22-1703   CDD 364.106.6094

Universo dos Livros Editora Ltda.
Avenida Ordem e Progresso, 157 – 8º andar – Conj. 803
CEP 01141-030 – Barra Funda – São Paulo/SP
Telefone/Fax: (11) 3392-3336
www.universodoslivros.com.br
e-mail: editor@universodoslivros.com.br
Siga-nos no Twitter: @univdoslivros

Para minha mãe, meu pai e Patticraft, meus primeiros e melhores professores sobre vendas pessoais, uma moldura por vez.

Para minha esposa Terri, que sempre acreditou na minha capacidade de vender, mesmo quando o resto do mundo não parecia se importar.

Para Buck Daniels, meu primeiro "mestre" na escola de marketing da vida.

Para Russell Brunson, que me mostrou que as pessoas compram tanto você quanto seu produto.

*"Você está a uma carta de vendas
de distância da riqueza."*

GARY HALBERT

*"Se você não consegue explicar de forma simples,
não conhece o assunto bem o suficiente."*

ALBERT EINSTEIN

SUMÁRIO

Prefácio **11**

Introdução **15**

Segredo #1: O que é copywriting? **19**

Segredo #2: A jornada de um homem com copy de vendas **25**

Segredo #3: Sem um forte porquê, as pessoas não compram.........**29**

Segredo #4: Ninguém liga para você no copy............................**35**

Segredo #5: A habilidade mais valiosa.....................................**37**

Segredo #6: O copy de vendas mais importante de todos os tempos!....**43**

Segredo #7: Não existe tamanho único **53**

Segredo #8: Conheça Fred (seu consumidor ideal) **59**

Segredo #9: A fórmula definitiva para elaborar bullets................**75**

Segredo #10: O que REALMENTE convence as pessoas (NÃO é o que
você está pensando) **81**

Segredo #11: Por que bom o suficiente deixa (e mantém) você pobre!.......**87**

Segredo #12: Não reinvente a roda: copy incrível deixa pistas.........**91**

Segredo #13: O foco é neles, não em você.................................**97**

Segredo #14: E se você ainda não tiver nenhuma recomendação?......**103**

Segredo #15: Três fórmulas de venda que não falham nunca............**107**

Segredo #16: É tudo sorvete, mas qual sabor devo escolher?.........**113**

Segredo #17: Como escrever uma carta de vendas incrível – E RÁPIDO.........**119**

Segredo #18: Como escrever e-mails teasers matadores – E RÁPIDO.........**133**

Segredo #19: O rascunho mais difícil da sua vida......................**139**

Segredo #20: Aumente a sede **143**

Segredo #21: Me ame ou me odeie, não existe dinheiro no meio-termo............**151**

Segredo #22: "Caramba... Preciso ter um desse!" **155**

Segredo #23: Passe batom no porco..**161**

Segredo #24: Devo me unir ao lado sombrio da Força?.....................................**167**

Segredo #25: Conversão "furtiva" – O segredo para vender sem vender............**171**

Segredo #26: O capanga..**179**

Segredo #27: A mesa mágica..**183**

Segredo #28: O único propósito de um anúncio on-line....................................**191**

Segredo #29: Não dá para pescar sem anzol...**201**

Segredo #30: Crie seu swipe file **207**

Segredo #31: Polindo seu copy de vendas **211**

Todo o restante que você precisa saber sobre copywriting **215**

Conclusão..**233**

Lista de leitura do Jim..**235**

Agradecimentos...**237**

Sobre o autor..**239**

PREFÁCIO

Há quase quinze anos, eu era um atleta universitário recém-casado, quando peguei o vírus do empreendedorismo. Eu não sabia nada sobre como abrir uma empresa; só sabia que queria ganhar dinheiro. Comecei a estudar e descobrir o que era essencial para o sucesso.

Criar um produto incrível, construir meu funil, atrair tráfego, montar uma lista e… escrever copy.

Conforme aprendia a respeito de cada um desses aspectos pertencentes a uma empresa on-line, eu me animava com todos, exceto com o copy.

Eu não gostava de escrever na faculdade e, sendo honesto, não era muito bom nisso.

Então, apesar do que me diziam, foquei em TUDO, menos em copy.

Eu criava um produto novo, muito melhor do que os dos meus competidores, no entanto, ficava confuso quando eles vendiam mais do que eu, sempre.

Meu produto era melhor. Por que compravam DELES e não de MIM?

Conforme ideia atrás de ideia afundava, comecei a entender que o sucesso de uma empresa não vinha do produto. Vinha da habilidade dessa empresa de criar um desejo forte o suficiente no consumidor, para que este fizesse de tudo para comprar o produto à venda.

Isto é, Copywriting de Vendas.

Essa era a chave.

Por fim, cedi e comecei a estudar copy. Eu queria – PRECISAVA – entender a psicologia de por que as pessoas compravam.

Quanto mais eu estudava, mais entendia os padrões em todas as campanhas de marketing bem-sucedidas, e aprendi a modelá-los para os produtos que eu vendia.

Conforme mudei minha chave e passei a dominar o copywriting, notei algo muito interessante...

Criar um produto incrível não me tornou rico.

Construir um ótimo funil não me tornou rico.

Atrair tráfego não me tornou rico.

Montar uma lista não me tornou rico.

Até que eu aprendesse a escrever um bom copy, nada dessas coisas importava, porque os produtos que eu tentava vender não vendiam. O tráfego não convertia. Os funis não persuadiam.

Foi o copywriting que me deixou rico.

É o grande amplificador.

É o que mais impacta a quantidade de dinheiro que você ganha na empresa.

Jim Edwards tornou-se meu parceiro há alguns anos, quando ele viu a missão que tínhamos na ClickFunnels: ajudar a libertar todos os empreendedores. Ele me ligou um dia e perguntou: "Você quer saber como tornar TODOS os seus consumidores MAIS bem-sucedidos?".

Eu perguntei como, e ele respondeu: "Você precisa ajudá-los a escrever um copy melhor. Quando o copy melhora, você vende mais pelos funis, e eles ficarão com a ClickFunnels para sempre."

Com essa ideia, ele criou uma ferramenta poderosa para nossa comunidade, chamada Funnel Scripts, que ajudou milhares de empreendedores a escreverem copy com o simples apertar de um botão... mesmo que não tivessem IDEIA ALGUMA do que estavam fazendo. Observei essa ferramenta ajudar pessoas que NUNCA tiveram sucesso on-line enfim gerarem leads, ganharem dinheiro e fazerem sucesso.

Quando começou a escrever este livro, no ano passado, ele me contou que seu objetivo era ajudar mais pessoas a dominarem o copywriting. Era um objetivo e tanto; mas, se alguém era capaz, eu sabia que essa pessoa seria o Jim.

Nas mãos certas, este livro vai ajudar você a ganhar mais dinheiro, servir mais clientes e aumentar seu impacto para mudar o mundo ao seu próprio modo.

Poucas pessoas no mundo estudaram e aplicaram copy em mais situações, para mais pessoas e em mais negócios do que o Jim. Este livro vai ensinar a você uma habilidade que será útil para o resto da vida.

Não espere, como eu, e comece já a dominar essa arte de colocar palavras no papel e na tela com o objetivo de persuadir as pessoas a comprarem seu produto. Entre de cabeça nisto, pois é a habilidade mais importante que você vai aprender na vida.

Russell Brunson
Cofundador da ClickFunnels™ e da Funnel Scripts

INTRODUÇÃO

"Sempre acreditei que escrever propaganda é a segunda forma mais rentável de escrita. A primeira é, claro, bilhetes pedindo resgates."

PHILIP DUSENBERRY

Ninguém nasce sabendo vender.

Comecei a vender depois de me formar na faculdade. Pedi demissão ou fui mandado embora de sete empregos diferentes no primeiro ano e meio de formado. Todos esses empregos eram de vendas comissionadas. No começo, fiquei deprimido vendendo seguro de vida. Vendi assinaturas em clubes de descontos. Celulares. Vendi os precursores dos celulares, uma espécie de radiocomunicador. Vendi perda de peso.

Também tentei a pré-venda de túmulos (o que significava tentar vender de porta em porta jazigos em cemitérios para pessoas que ainda não estavam mortas).

Já vendi de tudo.

Tudo culminou quando me tornei corretor hipotecário depois de fechar uma venda para uma senhora enquanto eu ainda estava na empresa de perda de peso. Vendi o programa para ela, que me falou: "Sabe, você se daria muito bem no meu negócio." Pensei: *Bem, eu já tentei de tudo, vamos ver do que ela está falando.* Ela me contou sobre correção hipotecária e eu disse: "Tá bom", isso é vender algo que as pessoas querem e de que precisam. Pessoas precisam de dinheiro quando querem uma hipoteca. Parece que não é preciso se esforçar muito para vender o dinheiro que se necessita para comprar uma casa.

Decidi tentar, e logo aprendi que vender não é a parte difícil, o duro é chegar nas pessoas na hora certa. Fui exposto pela primeira vez ao copywriting de vendas na forma de anúncios e roteiros que eu usava para ligar e perguntar se o cliente precisava de um refinanciamento.

Esse foi o começo. Mais tarde, criei um programa sobre como não ser enganado ao fazer uma hipoteca (pois tinha visto muitos corretores passando a perna nos clientes). Também escrevi um livro sobre como vender sua casa sem corretor. Quando coloquei esses produtos à venda na internet, em 1997, aprendi sobre o que pensamos como copy de vendas para cartas de vendas e e-mails.

Quando decidi ficar bom nisso, encontrei alguns cursos. De algum modo, fiz o curso de um cara chamado Marlon Sanders. Ouvi suas gravações explicando as diferentes partes de uma carta de vendas. Foi quando para mim fez sentido que copywriting não é só rabiscar umas palavras e torcer para darem certo.

COPYWRITING É ESTRUTURA E ESTRATÉGIA

Comecei a ler livros sobre o assunto, incluindo *Scientific Advertising* [Marketing Científico], de Claude Hopkins. É um livro curto, mas acerta nos pontos-chave do que precisamos lembrar e saber. Embora ler livros ajude (óbvio), uma das melhores coisas a fazer é ler a mensagem de venda que leva você a gastar dinheiro. Esse é o copy a ser estudado, porque fez com que você se conectasse a ele em nível emocional. Vamos falar disso mais tarde.

Algo a se notar: pelo que eu me lembre, nunca escrevi copy de vendas para ninguém, só para produtos meus. Percebi cedo que ninguém venderia melhor os meus produtos do que eu mesmo. Além disso, quando comecei a vender on-line, eu não tinha dinheiro para contratar alguém, então precisei aprender a fazer sozinho. O primeiro website que lancei tinha umas vinte páginas. Eu não tinha ideia do que estava fazendo. Então fui exposto à ideia de uma carta de vendas de uma página longa, onde as pessoas rolavam o cursor por um pitch de venda gigante.

Assim, eu converti aquele website de vinte páginas em uma carta de vendas de uma página. Bem, se imprimisse, poderia dar umas dez páginas, mas era uma página de website. Do dia para a noite, minhas vendas aumentaram em 250%. Foi quando me deu o clique: "Ei, se quiser ganhar mais dinheiro, o segredo é um bom copy!" Não tinha nada a ver com mais tráfego. Tinha tudo a ver com a qualidade do meu pitch pela web.

Ao longo dos anos, escrevi cartas que converteram em mais de 3 milhões de dólares em vendas; outra fez 2,5 milhões; outra fez mais de 1,5 milhão com um produto de 29 dólares. É preciso vender muitos produtos de 29 dólares para chegar a 1,5 milhão.

É IMPORTANTE LEMBRAR: NINGUÉM VAI ESCREVER UM COPY MELHOR SOBRE OS SEUS PRODUTOS DO QUE VOCÊ.

Você precisa criar seu próprio copy (ou ao menos editá-lo) se for possível, porque você é quem sabe se conectar com seu público.

DEMORA PARA APRENDER A ESCREVER COPY DO ZERO, MAS VALE A PENA!

O legal é que ninguém nasce um copywriter de 1 milhão de dólares. Ninguém nasce sabendo as palavras exatas para usar em um copy de vendas. Mas, diferentemente do trabalho de um escritor de ficção ou não ficção, o copy segue padrões. Você pode usar e adaptar esses padrões testados e aprovados e criar com rapidez um copy que venda. É o tipo de escrita mais rápido de se aprender e também o mais rentável.

SEGREDO #1

O QUE É COPYWRITING?

Aqui vai minha definição de copywriting:

"O copywriting de vendas é qualquer coisa que tenha a intenção de persuadir o leitor, o espectador ou ouvinte certo a agir de determinada forma."

JIM EDWARDS

Pense um pouco a respeito disso. Você quer que seu leitor, espectador ou ouvinte desempenhe uma ação específica.

Seja on-line ou off-line, essas ações específicas incluem clicar em um link, pedir mais informações, comprar algo ou dar o passo seguinte no processo de compra. Com o copy de vendas, você está tentando convencer alguém a clicar no botão de compra, preencher o formulário, comprar algo on-line ou pelo correio. Talvez você queira que o cliente ligue para determinado número ou vá até a loja física. Quando pensamos em copy de vendas, isso é verdade em 99% das vezes.

O copy de vendas pode incluir qualquer coisa, desde anúncios de três linhas em jornais impressos até cartas de vendas de quarenta páginas na web. Comerciais de trinta minutos, posts no Facebook ou no Instagram e qualquer coisa no meio do caminho pode e deve ser considerado copy de vendas.

Se quiser ficar bom nesse tipo de copy, você vai querer ficar bom em levar as pessoas a clicar nos links, preencher os formulários e gastar dinheiro. A propósito, é bom se aprimorar – mas não é bom complicar demais as coisas! A maioria das pessoas enxerga o copywriting como algo complexo, que leva anos para ser aprendido e décadas para ser dominado. Na cabeça dessas pessoas, é algo grande, que dá trabalho. No entanto, copywriting simplesmente é: qualquer coisa que apareça na frente de uma pessoa e leve-a a clicar, preencher e gastar.

Quando você pensar em copy de vendas dessa maneira, vai se tornar algo menos assustador. Não é física quântica!

O QUE FAZ O COPYWRITING SER DIFERENTE DE UMA ESCRITA NORMAL?

Menos do que você imagina. A maioria das pessoas acredita que copywriting é uma maneira diferente de pensar e escrever, que é muito distinta, tem padrões específicos. Às vezes, essas pessoas têm razão. Em outras, estão completamente erradas.

Pela minha experiência, o melhor copywriting acontece quando as pessoas não percebem que é copy, pois é interessante. Eu costumava ler cartas de vendas que chegavam pelo correio, as "brochuras". Engraçado pensar que, nos velhos tempos, a gente pedia para receber essas brochuras – que nada mais eram do que uma carta de vendas de dez, vinte, trinta páginas. Como era um assunto que nos interessava, não enxergávamos como copy. Era uma "brochura".

Quando as pessoas estão interessadas, elas vão ler, não vão pensar que estão querendo lhes vender algo. Bem, e o que faz as pessoas prestarem atenção? O que faz as pessoas lerem e não pensarem na mensagem de vendas? O conteúdo. Ele trata de seus medos, fala com seus desejos, usa suas palavras, parece uma conversa com um amigo ou um conselheiro de confiança.

Acho que muitos acreditam que o copy de vendas leva as pessoas a fazerem coisas que normalmente não fariam, em um passe de mágica. Não é bem assim: a verdade é que as pessoas amam comprar.

É por isso que todo mundo tem faturas de cartão de crédito astronômicas. É por isso que todo mundo fez da Amazon o site número um do mundo. As pessoas amam comprar. Como diz o velho ditado: "As pessoas amam comprar; elas odeiam vendedores." Compram o que acham que vai fazer com que se sintam melhores ou levar a conseguir o que querem. Porque usam palavras confortáveis e conhecidas. Novamente, um copy de vendas é como uma conversa com um amigo ou conselheiro fiel.

O NÚCLEO DO COPYWRITING É A INTENÇÃO

O que você quer que uma pessoa faça em decorrência de ler, assistir ou ouvir o que você criou? Tendo isso em mente, seu copy de vendas pode ser um tuíte. Um artigo. Um vídeo de conteúdo. Uma live no Facebook. Um meme. Qualquer coisa que você colocar na frente do alvo prospectado: basta mostrar valor. É um convite a dar o próximo passo: fazer seu potencial cliente comprar o que ele já queria comprar.

QUANTO A ARTE OU CIÊNCIA DO COPYWRITING MUDOU AO LONGO DOS ANOS?

As pessoas compram coisas desde que o dinheiro foi inventado. Antes, permutavam.

A forma como as pessoas conversam mudou, não necessariamente melhorou. Os termos formais mudaram. Vou abrir parênteses e dizer que acredito que, antigamente, as pessoas respeitavam um pouco mais os sentimentos e as perspectivas dos outros. Nem sempre, mas elas tinham modos. Hoje, se você for ao shopping e ouvir um grupo de adolescentes conversando na frente de várias lojas, verá que muitos ali não sabem o que é ter boas maneiras. Agora, fecha parênteses.

A forma como as pessoas conversam mudou. O dia ainda tem o mesmo número de horas que há duzentos anos, mas temos centenas de coisas a mais competindo pela nossa capacidade de atenção finita – mídias sociais, correio, TV, rádio, mensagens, celular... É por isso que, no fim do dia, quando estamos todos esgotados, dizemos coisas como: "Para mim já deu por hoje."

Isso não significa dizer que as pessoas são idiotas ou preguiçosas; elas não ficaram mais burras – apenas há mais coisas competindo pela sua atenção. É importante entender isso no seu copy. No mundo de hoje, é preciso usar de muito mais curiosidade para fazer a pessoa parar e prestar atenção em você. Além disso, é necessário chegar ao ponto muito mais depressa.

Meu vizinho é um sulista de idade, à moda antiga, um cara bem legal. Ele que construiu minha casa. Na conversa com ele, antes de chegar ao assunto em questão, você precisa de um aquecimento de uns vinte minutos. E aí, como anda a família? O que está acontecendo? Você fala de clima, política, vizinhança, disso, daquilo. Então, chega aquele momento em que ele respira fundo. E aí, o que vamos fazer nessa parte da casa?

As pessoas costumavam ser assim. Não são mais. No copywriting é preciso dispensar muito do aquecimento. Em vez disso, deve-se agarrar o cliente, chamar sua atenção com curiosidade e levá-lo ao cerne da questão.

O QUE NÃO MUDOU NO COPYWRITING?

Pessoas querem comprar. Aja segundo a seguinte ideia: se as pessoas compreenderem o benefício do seu produto, serviço ou software, elas vão comprar. É sua função, como criador do copy, ser um grande comunicador do motivo pelo qual seu cliente precisa disso que você está oferecendo. É sua responsabilidade.

As pessoas têm esperanças, medos e sonhos. Sempre tiveram esperanças, medos e sonhos, e vão continuar a ter esperanças, medos e sonhos. Elas amam coisas. Odeiam coisas. Têm opiniões. Quanto mais você entender as pessoas no seu mercado de nicho, mais dinheiro você vai ganhar, e elas vão ficar mais felizes porque você se comunica melhor com elas.

ENTENDA SUA AUDIÊNCIA DE NICHO

Vamos falar do seu mercado de nicho. Quando as pessoas falam sobre copywriting, escrever anúncios e mirar em um público-alvo, estão falando de nicho, mas a maioria fala mesmo é de números, de estudos psicográficos e demográficos. No entanto, com frequência esquecem que as *pessoas* no nicho *são* o nicho. É preciso entender as pessoas. É bom saber sobre os números e tudo mais, mas é necessário entender as pessoas, os indivíduos no seu nicho. Quando falarmos do avatar, vamos falar de sua pessoa ideal, que eu gosto de chamar de FRED.

Entenda que essas pessoas têm esperanças, sonhos e preocupações. Como você. Querem um pouco de folga. Querem cuidar dos filhos. Preocupam-se com o futuro. Estressam-se com as faturas do cartão. Querem ter um carro bacana. Querem garantir um ótimo futuro para a família. Todas essas coisas são importantes para elas, e você precisa saber, pois está vendendo para pessoas, não para um nicho.

NO COPYWRITING, O SEGUNDO LUGAR NÃO GANHA PRÊMIO

Ou seu copy funciona ou você passa fome. Desculpe a franqueza. Você não ganha dinheiro quando as pessoas dizem: "Legal sua carta de vendas. Adorei o vídeo." É bom de ouvir, mas, infelizmente, isso não vale dinheiro. Você recebe quando for aquele que leva as pessoas a clicarem, a comprarem, a se matricularem. E só.

Não dá para fazer copy mais ou menos. Não dá para ver o que vai acontecer, se vai dar certo. Não; você deve se esforçar todas as vezes. Há ferramentas que podem ajudar, mas você tem que levar a sério. Não dá para fazer com displicência. Se fizer, o resultado também será meia-boca.

RESUMO

- As pessoas amam comprar. O copy de vendas faz com que elas comprem de você!
- As palavras podem ter mudado, mas a intenção do copywriting é a mesma.
- Esperanças, medos, sonhos e desejos motivam as compras.
- Qualquer um pode ficar bom em copy de vendas; só precisa praticar.

SEGREDO #2

A JORNADA DE UM HOMEM COM COPY DE VENDAS

"O segredo de todas as campanhas eficientes não é a criação de palavras e imagens novas e complicadas, mas a colocação de palavras e imagens conhecidas em relacionamentos novos."

LEO BURNETT

Eu não me considero um copywriter profissional, porque não escrevo para outras pessoas. Eu crio copy de nível profissional para vender as minhas coisas. Essa é a diferença.

Ninguém nasce escrevendo copy de vendas, exceto talvez Ron Popeil,* o cara que fez Pocket Fisherman, Showtime Rotisserie e o Inside the Egg Scrambler. A capacidade dele de criar ofertas, escrever copy e inventar produtos é inigualável. Você e eu não nascemos sabendo. A boa notícia é que dá para aprender.

Nos primeiros anos, criei folhetos para divulgar as festas da faculdade. A pressão era grande, pois, se as pessoas não aparecessem nas festas, eu perderia meu cargo de diretor social, bem como meus privilégios.

Quando trabalhei nos bancos de hipoteca, escrevia os anúncios. Toda semana a gerente da minha unidade pedia que eu escrevesse um anúncio. Precisava estar pronto para quarta, quando era enviado para o departamento de *compliance*,** e então rodar no fim de semana. Os anúncios eram

---

* Inventor e personalidade de TV americano. Famoso por aparecer em propagandas divulgando seus produtos, que entraram para o imaginário popular dos Estados Unidos. (N. T.)

** Departamento que supervisiona as outras áreas de uma empresa para determinar se estão seguindo tanto as leis quanto as diretrizes internas ou mesmo a cultura proposta pelo alto escalão. (N. T.)

bem bons, mas raramente eles os produziam como eu tinha feito, porque esse departamento de *compliance* me odiava. Eu usava palavras que não eram boas para anúncios de banco, pois deixavam as agências regulatórias nervosas. Esse foi um dos motivos pelos quais parei de trabalhar no banco.

Por fim, o chefe do departamento de *compliance* ligou: "Olha, a gente sabe quando o Jim escreveu o anúncio e quando foi outra pessoa. Podem parar de enviar os do Jim, pois não vamos exibi-los." Com todas as regras sobre o que poderia ou não ser dito, esse pessoal evitava tudo o que parecesse interessante. Foi um começo pouco auspicioso.

Eu comecei a vender on-line em 1997, com resultados decentes. Quando comecei, eu estava falido e morando em um acampamento de trailers (após algumas decisões financeiras desastrosas). O negócio é: só dá para aprender a tomar boas decisões depois de tomar as ruins, certo? Eu não estava colocando fogo no parquinho, mas conseguia ganhar dinheiro.

Então, no outono de 2000, percebi que algo teria que mudar para eu poder sair do trailer onde morava já havia seis anos. Minha capacidade de persuadir as pessoas a comprarem de mim precisava melhorar. Para isso, eu precisava de anúncios melhores, escrever copy melhor para a web e ficar bom de verdade em colocar no papel as palavras que encorajassem compras.

Foi uma decisão consciente fazer o que fosse preciso. Eu estava sentado no meu escritório minúsculo no quarto extra. Daquele momento em diante, tornei-me um estudante aplicado de copy de vendas. Li todos os clássicos, inclusive *Scientific Advertising* [Publicidade científica] e *My Life in Advertising* [Minha vida na publicidade]. Você encontra minha lista de leitura no final do livro.

Comecei a escrever e testar copywriting por toda parte. Alguns textos eram para os meus produtos, mas outros escrevi para alguns corretores imobiliários. Eu bolava algo e observava o que acontecia (e muitas vezes não acontecia nada). Quando resultava em algo bom, em vez de considerar obra do acaso, eu estudava o que tinha funcionado, continuava fazendo essa parte, parava o que não tinha sido legal e nunca parava de examinar o que era um bom copy.

Durante o verão de 2000, fui trabalhar para uma empresa na qual escrevi a carta de vendas para um CD-ROM de 97 dólares. Como parte do projeto, eu descobri como criar o auto-run e um vídeo de captura de tela, o que, em 2000, era incrível. A carta rendeu 100 mil para a empresa em três meses, foi bem importante.

Consegui criar um funil de vendas de seis dígitos em menos de noventa dias para esse cara. Minha esposa e eu nos mudamos do trailer, compramos nossa casinha e ele me mandou embora em junho de 2001. Nunca vou me esquecer daquela sexta-feira. Com uma casa nova para pagar, sem emprego e minha habilidade de iniciante em copywriting de vendas, eu fiquei com medo. Nunca vou me esquecer do que minha esposa falou quando cheguei em casa: "Você tem basicamente um mês para fazer dar certo. Inclusive, se você conseguir só um terço do que conseguiu pro cara, vai ficar tudo bem."

O cara me pagava 1.500 dólares por mês (18 mil ao ano). Meu valor próprio estava nesse patamar. Conseguia 1.500 pratas por mês, fiz um funil de seis dígitos e o cara me mandou embora. Ao longo das semanas seguintes, escrevi ou coescrevi três cartas de vendas diferentes. Nos últimos quatro meses de 2001, eu ganhei mais dinheiro do que no total dos quatro anos anteriores. Terminamos de pagar a casinha em um ano e meio.

Esse é o poder de saber como escrever ótimos copy de vendas. O copywriting mudou minha vida e pode mudar a sua também.

Adoro nossa casa no inverno. O motivo: nosso trailer era tão frio que eu me sentava no escritório/quarto com os dois cachorrinhos no colo para me esquentar. Eu me sentava lá e trabalhava no computador, sem desistir do sonho de fazer tudo dar certo.

Sou a prova viva de que aprender a escrever um bom copy pode mudar sua vida, não importa sua situação atual.

RESUMO

- Ninguém nasce sabendo escrever copy de vendas.
- Aprender a escrever um ótimo copy pode mudar sua vida.
- Leia os clássicos, como *Scientific Advertising* [Publicidade científica].
- Comprometa-se a desenvolver suas habilidades de copywriting.

SEGREDO #3

SEM UM FORTE PORQUÊ, AS PESSOAS NÃO COMPRAM

"As pessoas não compram sem um porquê."
JIM EDWARDS

Esse é o segredo mais valioso que já aprendi. Na minha opinião, é o que pode mudar sua vida com mais rapidez.

Grave isto na cabeça: *As pessoas não compram sem um porquê.* Repita comigo: *As pessoas não compram sem um porquê.*

10 RAZÕES PELAS QUAIS AS PESSOAS COMPRAM

Pode haver outras, além das que serão mencionadas aqui? Talvez. Honestamente, eu só foco nas primeiras cinco. Quando aprendi isso, minha vida mudou. Deu o clique, meu cérebro se expandiu. Eu soube como montar mensagens dizendo o porquê e como associar meu produto a esse porquê. Eu tinha em mãos os prendedores para pendurar os motivos da compra.

A maioria das pessoas que cria copy de vendas oferece aos prospectos um motivo para comprar agora. Geralmente, envolve economizar ou ganhar dinheiro. E só. Para algumas delas, o motivo pode ser ganhar dinheiro, sim, mas nem tudo é dinheiro para todo mundo. Esses dez motivos me geraram um, dois, três, quatro chamadas ou mais no meu copy.

Aqui estão as dez razões. Vamos falar de como colocá-las em prática rapidamente no seu copy. As pessoas compram porque querem:

- Ganhar dinheiro.
- Economizar dinheiro.
- Economizar tempo.
- Evitar a fadiga.
- Fugir da dor física ou mental.
- Ficar mais confortável.
- Ficar mais limpo ou higiênico e, consequentemente, mais saudável.
- Receber elogios.
- Sentir-se mais amado.
- Aumentar sua popularidade ou melhorar seu status social.

As primeiras cinco – ganhar dinheiro, economizar dinheiro, economizar tempo, evitar a fadiga e fugir da dor física ou mental – ressoam tanto em mim que já estão tatuadas na minha mente. São os prendedores com que as pessoas justificam as compras. São seus porquês.

O ponto aqui é ligar múltiplos motivos, não apenas um. Pense assim: é como montar uma barraca durante uma ventania. Se amarrar só um dos cantos, tudo vai voar descontroladamente. Mas, se amarrar dois, três, quatro ou cinco pontos, vai ficar do jeitinho que você queria. Assim é com as perguntas certas sobre o produto e as respostas criativas a essas perguntas.

O QUE PERGUNTAR SOBRE O PRODUTO

Parece difícil? Colocar o cérebro para funcionar pode resultar em milhões no seu caminho mais adiante. É divertido. Aqui vão algumas perguntas:

1. De quais cinco maneiras meu produto ou serviço vai ajudar o cliente a ganhar dinheiro?
2. Como eu ou meu produto podemos ajudar o cliente a economizar dinheiro na próxima semana, mês ou ano?

3. Quanto tempo o cliente vai economizar e o que poderá fazer com esse tempo extra?
4. O que o cliente não precisará mais fazer depois de adquirir meu produto ou serviço? (Desse modo, ele vai descobrir como evitar a fadiga.)
5. Que dor física posso eliminar e o que isso significa para a vida e para os negócios do cliente?
6. Como meu produto ou serviço elimina preocupações?
7. De quais três maneiras eu ou meu produto podemos ajudar a gerar mais conforto?
8. Como meu produto ou serviço pode ajudar o cliente a atingir um nível maior de limpeza ou higiene?
9. Como meu produto ou serviço ajuda o cliente a ficar mais saudável e a se sentir mais vivo?
10. De quais três maneiras meu produto ou serviço vai ajudá-lo a se sentir mais desejado e amado?
11. Meu produto vai deixá-lo mais popular?

Se pegar cada uma dessas perguntas e responder honestamente, você vai ficar surpreso com os resultados. Agora, vamos dar um passo além. Obrigue-se a conseguir dez respostas para cada uma. Sua cabeça explodiu, não?

Anos atrás, aprendi com um mentor uma técnica para resolver problemas: "Pegue o problema e anote no alto de um papel. Escreva soluções até o pé da página. Então, pegue outra folha e preencha também."

As respostas fáceis aparecem no primeiro terço da página. Quando estas acabarem, você precisará se aprofundar e resolver o problema pensando fora da caixa. São as respostas do final que contêm a solução. Se responder a cada questão cinco vezes, verá que as perguntas não são tão óbvias assim.

Quando passar das duas, três, quatro respostas fáceis para cada questão, você começará a se aprofundar e pensar no seu público-alvo, o que ele quer e em que momento da vida ele está. Os pontos de ancoragem do copy vão aparecer, e logo você vai pensar: "Meu Deus. Isso é incrível. Vai fazer uma diferença enorme."

Quero desafiar você a pegar essa lista de perguntas e responder a ela múltiplas vezes. As respostas vão fazer uma grande diferença na sua capacidade de vender.

COMO USAR ESSE SEGREDO? COMO USAR ESSA LISTA?

Você pode amarrar esses motivos às suas ofertas, aos seus títulos, às suas histórias, aos seus *bullets*, aos seus tópicos de conteúdo, aos seus chamados à ação, em tudo. É uma lente pela qual tudo se foca. Tudo se baseia nisso. Assim que entender os porquês, poderá ligar neles coisas que normalmente não ligaria, e que seus concorrentes também não ligarão.

ALGUNS EXEMPLOS

1. Shake de proteína. Como aplicar as dez razões na compra do shake?

Ganhar dinheiro: Beber esse shake pela manhã vai te dar muita energia. Você vai trabalhar melhor e ganhar um aumento.

Economizar dinheiro: Nosso shake de proteína é 25% mais barato do que o líder de mercado e os ingredientes são superiores.

Economizar tempo: Com nosso shake, você pode tomar um café da manhã nutritivo em 30 segundos. Pode passar mais tempo com os filhos antes de sair correndo pela porta. Essa razão também se liga com *sentir-se mais amado*.

Evitar a fadiga: Seu café da manhã estará pronto em 30 segundos e é delicioso.

Fugir da dor mental ou física: Você não odeia se sentir inchado depois de um café pesado? Ou ficar morrendo de fome por ter pulado o café? Esse shake resolve esses problemas.

Obter mais conforto: Não sei como o shake pode fazer você sentir mais conforto, a não ser que ajude na constipação.

Elevar o nível de limpeza, higiene ou saúde: Se você beber o shake, não terá mau hálito quando chegar ao escritório. Beber esse shake todas as manhãs ajuda a perder peso e ficar com uma aparência ótima.

Sentir-se desejado e amado: Você poderá economizar tempo pela manhã e aproveitar mais a família.

Ser popular ou melhorar o status social: Você vai perder peso. Vai ficar ótimo. E fará muitos novos amigos.

2. Programa de coaching executivo. É fácil associar com *ganhar dinheiro.*

Ganhar dinheiro: O que você tem para ensinar ajudará o cliente a trabalhar melhor, conseguir uma promoção ou ser recrutado por outra empresa.

Economizar dinheiro: Você pode gastar o dobro em consultorias que o ajudem a conseguir esse objetivo, mas nós ensinaremos a você como fazer.

Evitar a fadiga: Você não precisa resolver tudo sozinho. Só precisa fazer o que mandamos, usando nossos modelos testados, e estará pronto.

Fugir da dor mental ou física: O que um executivo em busca de coach pode estar fazendo que provoque dores físicas ou mentais? Deve estar ficando muito tempo no escritório, negligenciando a família. Interessante como ligamos dor mental a amor e status familiar. Onde eles sentem dor? Quando passam muito tempo no escritório e não ficam com a família, e o Júnior começa a chamar o carteiro de "papai". Isso seria terrível.

Obter mais conforto: Compareça ao nosso programa de treinamento executivo, no qual o top 1% alcança todos os benefícios daquele escritório grande em uma empresa que integre a lista da Fortune 500.

Ficar mais saudável: Vamos mostrar não somente como alcançar a excelência no emprego, mas também como equilibrar todos os pratinhos de uma vez por todas. É possível gerenciar a saúde e a energia para obter uma performance ainda melhor.

Sentir-se desejado e amado: Vamos mostrar como organizar seu tempo para você não ficar no escritório até dez da noite a semana inteira. Você chegará em casa a tempo de impedir o Júnior de chamar o carteiro de "papai".

3. Livro sobre treinamento de cachorros.

Economizar dinheiro: Eu começaria por aqui. Aprenda a treinar seu cachorro sozinho e economize o dinheiro gasto por hora com alguém que nem deve ser um profissional certificado.

Evite a fadiga, fuja da dor: Evite que seu cachorro morda você ou outra pessoa. Dê uma amplificada: evite a dor de um processo se o cachorro morder alguém. Não seja processado. Este livro o ajudará a treinar corretamente seu cachorro e controlar a agressão. "Ai, droga, preciso comprar esse livro antes que eu perca minha casa quando o Floquinho morder o filho do vizinho."

Você pode aplicar todos esses motivos para qualquer coisa. Assim que aprender todos eles, seu trabalho será apenas costurá-los ao máximo nos seus produtos, serviços, softwares ou seja lá o que você estiver vendendo. É necessário identificar as razões pelas quais as pessoas compram, para além das óbvias usadas por todos. Atrele seu produto ao máximo de motivos que conseguir. Seja criativo. Seja bobo. Inspire-se. Relaxe e deixe a mente correr solta.

Você pode escrever cinquenta, cem coisas diferentes. Se encontrar aquele ângulo, aquele "porquê" único que ninguém mais está usando ou que chame a atenção, a diferença será gritante. É aqui que entender as dez razões pode transformar seu copywriting e seu mindset para sempre.

RESUMO

- Grave na memória as dez razões pelas quais as pessoas compram.
- Use o máximo possível delas no seu copy.
- Não caia na armadilha de só bater na tecla da economia.
- Seja criativo! Exija mais de você e vá além!

SEGREDO #4

NINGUÉM LIGA PARA VOCÊ NO COPY

"As pessoas não estão interessadas em você.
Elas estão interessadas em si mesmas."
DALE CARNEGIE

As pessoas não ligam para você; só ligam para elas mesmas.

Pode ser duro de ouvir. Você deve estar pensando: "Ah, Jim, que maldade. Meus clientes me amam. Todo mundo me ama. Não é verdade; eles gostam de mim, sim."

Não.

Eles não ligam para você. Sério mesmo. Pense em quando você compra alguma coisa. Você liga para quê? Honestamente. Você liga para fazer valer o seu dinheiro. Receber aquilo que foi prometido. Conseguir o que quer. Satisfazer suas necessidades. Você liga para tudo relacionado ao produto e como ele impacta você.

E para o que você não dá bola? Para os filhos do vendedor. Não está nem aí se ele teve um dia ruim. Não quer saber de mais nada a não ser conseguir o que queria. Sei que parece cruel, mas é a verdade. Claro que deve haver um unicórnio solto por aí que tenha empatia por você e sua vida e queira saber o que anda acontecendo e como pode ajudar antes de dar a grana a você, mas é uma minoria.

Aqui vai uma técnica que aprendi para fazer o copy não ter o foco em você. É um atalho, um truque.

Procure por essas palavras no copy:

"eu, me, meu, nós, nosso."

Por quê? Essas palavras mostram que você está falando de você. São as palavras que seus prospectos não querem ouvir porque, quando você as usa, geralmente não está contando os benefícios para eles.

Releia o copy em busca de qualquer uma delas e altere a perspectiva. Mude o palavreado.

Exemplo: "Quero te contar uma coisa". Perspectiva alterada: "Você precisa saber disso" ou: "Nessa situação, tem uma coisa que você precisa saber..." Parece muito simplista, mas não é. As pessoas não querem saber de você. Querem saber delas mesmas. *O cliente em potencial* quer ser ele o herói na sua mensagem de vendas. Não você. As pessoas querem se imaginar alcançando os resultados, não pensar em você. Querem que toda a transação foque nelas, não em você.

E a solução para isso é tirar o foco do copy de você e convertê-lo para o cliente. Como as pessoas vão enriquecer? Como vão se beneficiar? Como vão receber o que querem? Procure no copy. Busque "eu, me, meu, nós, nosso" e mude o fraseado, reescreva, reposicione para usar as palavras "você, seu".

É isso. Às vezes é preciso reformular algumas frases ou talvez só uma oração. Em outros casos, você vai olhar e: *Quer saber? Só estou falando de mim aqui e estou curtindo essa massagem no ego, mas não tem nada a ver com eles. Preciso reescrever e explicar como as pessoas vão se beneficiar. Preciso mostrar como minha novidade vai ajudá-las a alcançar os resultados que desejam.*

Claro que não é proibido usar "eu, me, meu, nós, nosso", mas faça isso conscientemente, em um contexto sobre *o cliente*. Assim, funciona.

Parece cruel, mas ninguém se importa com você. No ato da compra, o cliente só liga para si mesmo.

RESUMO

- Faça um copy voltado para seus prospectos.
- Releia o copy em busca de "eu, me, meu, nós, nosso". Quando encontrar uma palavra dessas, mude a perspectiva para o cliente.
- Lembre-se: prospectos não ligam para você. Querem ter suas necessidades atendidas, seus problemas resolvidos, seus medos apaziguados e seus desejos satisfeitos.

SEGREDO #5

A HABILIDADE MAIS VALIOSA

*"Todo produto tem uma personalidade única,
e é seu trabalho encontrá-la."*

JOE SUGARMAN

A habilidade mais importante que você aprenderá na vida é o copywriting. As pessoas perguntam: "Vale a pena aprender a escrever copy ou é melhor terceirizar?". A resposta é sim. Você precisa das duas coisas. No entanto, acho que Gary Halbert explicou melhor:

*"Chegamos ao ponto crucial. Se você precisa de um
copywriting realmente de primeira linha, é provável que
precisará fazer você mesmo. Veja, os poucos de nós que
realmente conseguem escrever copy que vende são tão requisitados
que nem dá para contratá-los, a não ser que você esteja disposto
a dar um rim. Mesmo assim, ainda vai precisar entrar na fila."*

Um dos maiores copywriters da história está mandando você aprender a fazer sozinho. Por quê? Contratar um bom vai custar seu rim, além de você precisar esperar uma era pelo copy.

POR QUE APRENDER SE EU POSSO TERCEIRIZAR?

Todos nós precisamos aprender a escrever um bom copy de vendas por vários motivos. Um é a velocidade. Se precisar logo, será caro. Uma coisa é contratar alguém se você puder se encaixar na agenda dele e receber dali duas, quatro semanas, mas quando você diz: "Ei, preciso para a semana que vem". Vão responder: "Ok. Legal. Este é o preço de semana que vem."

O segundo motivo é que você não quer ficar refém. Quando alguém está fazendo uma tarefa crucial, você fica refém, mesmo que essa pessoa seja boazinha. Porque ela tem o controle, e você não pode fazer nada a respeito. Além disso, se você não for bom de copy, não saberá se o copy contratado é bom ou não.

O terceiro motivo pelo qual você precisa ficar bom de copy é para as mudanças de improviso. Às vezes demora mais para explicar as mudanças necessárias do que ir lá e fazer. Pela minha experiência, não importa o que você receba de volta de um copywriter profissional, mudanças serão feitas. Seja um primeiro, segundo, quinto rascunho, você precisará alterar algo. O copywriter contratado não entende do seu negócio. Não conhece seu nicho. Não conhece seu produto. Não conhece tudo tão bem quanto você. Sempre será necessário trabalhar no texto. Ah, e vai ter acréscimo de custo se pedir para alguém reescrever algo que não esteja funcionando.

Quando você contrata um profissional para fazer o copy por você, ele vai fazer. Vai funcionar? Você não saberá até usar. Funcionando ou não, é preciso pagar. É melhor saber se o copy é bom antes de contratar. Vamos falar mais sobre como contratar alguém em outro capítulo.

É necessário saber criar um bom copy de vendas. É necessário saber reconhecer um bom copy de vendas. É necessário aplicar princípios de copywriting a tudo. Não se pode isolar o copywriting como uma habilidade que você não precisa treinar, reconhecer ou acessar. Você precisará de cartas de vendas. Precisará de um roteiro para o vídeo. Precisará de anúncios. Não pode falar: "Não faço copywriting, sou o dono. Sou o autor, o criador e o gerente do processo inteiro."

Você precisa criar um copy incrível, porque ser bom em copy de vendas ajuda na criação de conteúdo – discursos, seminários, lives –, tudo o que você for fazer. A capacidade de criar copy se esparrama por todas essas áreas e ajuda a vender mais.

DESENVOLVA UM MINDSET DE COPYWRITING

Um mindset de copywriting é uma via de mão dupla de pensamento. Digamos que você esteja fazendo uma live no Facebook e falando sobre as três coisas, ou três maneiras, ou o grande segredo para isto ou aquilo. De repente, o fim se aproxima. Você ainda está falando, mas, lá no fundo da mente, pensa: "É hora de fazer o fechamento. Agora preciso dizer alguma coisa para convidá-los a vir até aqui fazer o que eu estou falando. Vou dar um benefício e depois fazer um convite." Eu sei o que você está pensando. "Caramba, Jim, será que eu vou conseguir?" Sim, você consegue! Você pode desenvolver a disciplina do mindset de copywriting e improvisar.

Por exemplo, quando estou ensinando sobre copy de vendas, posso fechar com: "E estes são os três motivos pelos quais você precisa ser bom em copy. Inclusive, se quiser um atalho ótimo para criar chamadas incríveis, convido você a conhecer a Funnel Scripts, entrando em funnelscripts.com. Lá, temos um curso bem legal com duração de só uma hora. Nele, você vai aprender os três grandes segredos do copy. Além disso, vai poder testar uma versão gratuita dessa ferramenta incrível, que oferece mais de cinquenta truques de copywriting para cartas de vendas, chamadas, bullets, vídeos, fechamentos furtivos e muito mais. Entra lá e dá uma olhada."

Você precisa ser capaz de fazer a mesma coisa. E como desenvolver o mindset de copywriting?

1. Foco.
2. Prática.
3. Atenção aos resultados.

Você não pode pensar: *Não preciso saber nada de copy de vendas porque posso terceirizar.* Que burrice. Sei que é errado chamar o cliente de burro, mas acho que quem chegou até aqui não está mais pensando uma coisa dessas. Não estou chamando você de burro, estou chamando os outros de burro. Somos nós contra eles, o que, aliás, é um baita segredo legal.

Primeiro, você precisa ser bom (ou ao menos proficiente) em copy de vendas, depois pode escolher quais tarefas cumprir e quais terceirizar.

A questão é saber aplicar esses princípios e usá-los – esse é o diferencial. Se quiser ser bom em copy, vou contar como ser e rápido. É como ficar em forma.

Primeiro, você precisa se comprometer. Segundo, praticar. Terceiro, fazer todos os dias… mesmo quando não estiver a fim. Não é algo que liga e desliga. É algo que se torna. Você tem o mindset de copywriting. É assim que se faz. Compromisso, prática e rotina diária.

Comprometa-se a ficar bom nesse processo. Então, faça e pratique. Antes que se torne incrível, será bom. Antes de ser bom, será ruim. Antes de ser ruim, precisa treinar. Precisa se mexer. Então, precisa prestar atenção e medir resultados. O que funciona e o que não? É a mesma coisa com exercícios. Eu contabilizo todos os meus exercícios para observar meu progresso e melhorar meus resultados.

Depois, você faz o que funciona e para de fazer o resto. A única maneira de saber a diferença é fazer um monte de vezes. O lado bom da web, de mídia social e de tráfego barato é que o feedback não vem em meses, nem em semanas, nem mesmo em dias: para saber se está funcionando ou não, o feedback é instantâneo. É uma oportunidade fantástica para ser bom em copy, porque você recebe muito feedback, muito rápido.

Estude as pessoas que estão indo bem. Procure mentores. São pessoas que podem ajudá-lo por meio de livros ou ao vivo. É como fazer exercícios. Quando eu me comprometi a entrar em forma, encontrei o melhor treinador para os meus objetivos: o SEAL da Marinha, Stew Smith, que treina pessoas para operações especiais.

Ele me treina até hoje. Quando comecei, aguentava apenas uma barra. Agora, consigo 33 seguidas, o que, para alguém com 50 anos, é quase impossível. Escrever copy é a mesma coisa. É preciso exercitar os músculos. Você pode não ser capaz de escrever uma carta de vendas que renda 1 milhão por enquanto. Mas, com a prática, é possível chegar nessa marca antes do que se pensa.

A outra maneira de ser bom é aprender com a carteira. Não estou mandando gastar rios de dinheiro em cursos sobre como escrever copy. Quero que você preste atenção no copy que o fez gastar. Pense um pouco. O copy foi no funil, vídeo, Facebook… o que fez você gastar dinheiro? Disseque. Aprenda com as mensagens que funcionam ou funcionaram com você.

A realidade é: em 99,9% das vezes, somos membros do nosso próprio nicho. Você é ou *foi* membro do nicho que prospecta ou do público-alvo do mercado que está tentando ajudar. Se um copy fez você gastar, é bom. Preste atenção nele.

Quanto tempo demora para se tornar um expert em copywriting? É um compromisso para a vida toda. Não acontece do nada. Não há ponto de chegada.

Já conheci "mestres" do copywriting. Eles são egocêntricos e passam a vibração de "não fale comigo porque eu sou muita areia para o seu caminhãozinho". É meio broxante. Dominar copywriting é um processo sem fim. Você não entra em forma e decide não malhar mais. Dentro de um mês comendo doce, tomando cerveja e coisa e tal, perderá o esforço de anos.

Embora seja um processo de desenvolvimento e manutenção do mindset de copywriter, dá para usar uns truques. Como? Degrau por degrau. Não precisa dominar tudo, mas faça algumas coisas em ordens determinadas.

PRIMEIRO PASSO: SEJA INCRÍVEL NAS SUAS CHAMADAS

Você pode passar semanas ou meses desenvolvendo seu arquivos de referências (swipe files) ou pode associar seu conteúdo ao banco de dados de referências de sites especializados, em poucos minutos. A escolha é sua. A habilidade de copywriting número um para se tornar um expert é focar nas chamadas. Vamos falar mais delas no próximo capítulo.

SEGUNDO PASSO: SEJA BOM EM ESCREVER BULLETS

Por que você precisa escrever boas chamadas e bullets? Porque cada copy que você escreverá terá uma chamada. As primeiras palavras que aparecem na página, as primeiras palavras ditas em um vídeo, o título das postagens no Facebook – tudo usa princípios de chamadas atraentes. Os bullets descrevem os benefícios ou atiçam a curiosidade e, assim, pressionam para a ação que você deseja.

No capítulo 9, vou fornecer a fórmula definitiva para elaborar bullets. Se escrever chamadas e bullets atraentes, você vai ultrapassar a concorrência. É absurda a vantagem que você terá em relação a eles.

Então, precisará de bons chamados à ação, à explicação e à elaboração de ofertas imperdíveis. Torne-se bom no processo de copywriting nessa ordem. Você poderia pensar que primeiro precisa ser bom nas explicações. Não. Se suas chamadas forem uma porcaria, ninguém dará bola para a oferta (às vezes nem vão chegar a ler).

No entanto, se sua chamada atrair a atenção, se os bullets pressionarem e instigarem, se sua chamada à ação for contagiante, aí sua oferta pode ser uma porcaria e, ainda assim, você ganhará mais dinheiro do que com chamadas porcarias e o resto perfeito. Por isso eu digo: degrau por degrau. Assim, rapidamente você se tornará um expert e desenvolverá seu mindset de copywriting.

RESUMO

- Desenvolva o mindset de copywriting para tudo.
- Domine as chamadas primeiro, porque elas terão o impacto maior no seu copy e o mais rápido.
- Preste atenção ao tipo de copy de vendas que faz você gastar. Esse copy é bom!
- Nunca pare de aprender. Nunca pare de observar. Nunca pare de testar seu copy.

SEGREDO #6

O COPY DE VENDAS MAIS IMPORTANTE DE TODOS OS TEMPOS!

*"Na média, cinco vezes mais pessoas
leem a chamada do que o corpo do texto."*

DAVID OGILVY

A habilidade número um que todo mundo precisa é escrever chamadas ótimas. Já vi estatísticas dizendo que oito em cada dez pessoas que veem um anúncio leem a chamada, mas apenas duas de dez leem o resto.

Não sei se é isso mesmo, mas, pela minha experiência, uma chamada ótima com resto medíocre supera um texto excelente com a chamada fraca. O motivo é que as chamadas levam à finalização da ação.

Se sua chamada for uma porcaria, ninguém vai ler a carta, o anúncio ou ver o vídeo, mas se for incrível e atrair a atenção, vão ler e ver tudo.

O propósito da chamada é simples: fazer com que o cliente pare tudo e comece a ler (ou assistir a) o que você colocou na frente dele.

Seja uma carta impressa, virtual, um vídeo, um post, qualquer coisa, a chamada vai determinar o sucesso. Sem exceção.

Moral da história: a habilidade número um a ser desenvolvida por todos é elaborar chamadas incríveis, não importa o que esteja sendo vendido nem para quem.

O segredo de uma chamada fantástica é se conectar emocionalmente com a pessoa que seja seu exemplo perfeito de prospecto. Uma chamada bem-escrita mira o emocional das pessoas, em geral um medo ou desejo. Sua chamada foca em algo que lhes dá medo ou que elas realmente querem... e o faz em âmbito emocional.

Uma chamada incrível mira na sua audiência ideal. Você não vai desejar que as pessoas que não estão no seu público-alvo passem da chamada. Inclusive, ao se pensar em anúncios on-line, quando você paga por leitura ou por clique, uma ótima chamada pode, de fato, reduzir a *quantidade* de cliques que você recebe, mas aumentar em muito a *qualidade* deles.

O motivo para toda essa importância das chamadas é: o processo de venda não se inicia se ninguém parar tudo e prestar atenção ao que você tem para dizer.

AS CONSEQUÊNCIAS DE ESCREVER CHAMADAS RUINS

1. Resultados péssimos.
2. Você se frustra e desiste.
3. Desperdício de energia e esforços escrevendo copy que ninguém vai ler.
4. Você está sempre em desvantagem porque nunca o número necessário de pessoas certas lê sua mensagem de venda.

Vou contar uma história rápida que ilustra o segredo das chamadas em ação. Espero que você entenda a moral.

Eu estava vendendo on-line fazia uns nove anos. Não lembro a data exata, mas criei um produto chamado "Cinco passos para conseguir tudo que você quer".

Vou dar um pouco de contexto.

Eu estava falido e morava em um trailer havia sete anos, mas dei a volta por cima, em grande parte por causa da minha capacidade de escrever copy de vendas e vender produtos educativos (além de ter superado questões de baixa autoestima). Peguei tudo o que havia aprendido e transformei nesse curso, de que me orgulhava muito. Dediquei horas a fio, esforço, pesquisa e muito trabalho nele. Gravei em CD de áudio (algo bem difícil na época) e gastei um monte para produzi-lo. Eu estava totalmente envolvido nesse produto, emocional e financeiramente, quando comecei a tentar vendê-lo.

Coloquei anúncios, enviei e-mails promocionais e fiquei animado, porque tinha uma mensagem incrível para compartilhar. Comecei a receber tráfego, mas nada de vender. Nadica de nada. Nem umazinha. Centenas, depois milhares de pessoas visitavam a página, mas ninguém comprava. Surtei. *O que eu vou fazer agora?*

Respirei fundo e me questionei: *Ok, o que um bom copywriter faria?* E essa vozinha na minha mente respondeu na lata: *Testaria a chamada.* Então, mudei a chamada e, dentro de alguns minutos, vendi. Mudei de novo e mais cinco vendas. Hoje, conto para todo mundo que a mudança na chamada aumentou minhas vendas em 500%, mas não é verdade.

Eu consegui um *aumento infinito nas vendas* porque passei de zero para uma e depois para cinco com o mesmo tráfego e o mesmo grupo de pessoas entrando. A única coisa que mudei foi a chamada.

A chamada original era (vou parafrasear porque não lembro exatamente): "Como saí da falência e do trailer e me tornei um sucesso na internet." A final foi: "Como conseguir uma vantagem desleal nos negócios e na vida!" Quando as vendas foram pipocando com a mudança na chamada, aprendi de uma vez a importância desse aspecto do copy. A primeira chamada focava em mim. Honestamente, essa ideia de falido e morador de trailer era broxante. As pessoas não se conectavam, mas, com o benefício emocional da última chamada, elas pensavam: "É, seria bom ter uma vantagem desleal sobre os outros." É quase um prazer secreto, uma recompensa, em que cada um dá o sentido que quiser para "vantagem desleal sobre os outros".

Só de mudar a chamada salvei o projeto inteiro (e deslanchei meu negócio). Aliás, conseguimos seis dígitos com esse produto na semana seguinte. Essa história se destaca porque mostra como mudar uma única chamada pode salvar um negócio.

Como aplicar essa experiência na sua situação ou no seu negócio e alcançar resultados rápidos?

TENHA CONSCIÊNCIA DE QUE VOCÊ PRECISA DE CHAMADAS

Isso é o número um. A maioria esquece ou negligencia as chamadas. Mesmo se não for um título formal como em uma carta de vendas, precisa pensar em títulos para vídeos, postagens de blog etc., da mesma maneira que pensa em uma chamada. Elas importam. O mesmo vale para o mais simples post no Facebook. Tudo o que fizer precisa desse mecanismo para capturar a atenção, parar e olhar com atenção. A chamada é o que faz isso.

Há alguns atalhos que você poderá usar para implementar essa estratégia. Uma das coisas legais das chamadas (e de quase todo copy de venda) é que elas seguem fórmulas reproduzíveis. E a melhor notícia é que você pode desenvolver suas próprias fórmulas com um arquivo de "furto", mais conhecido pelo nome em inglês, *swipe file*.

Um swipe file é uma coleção de anúncios de que você gosta e pensa: "Ei, eu poderia usar uma chamada legal dessas." Eu consegui uma das minhas chamadas mais bem-sucedidas na capa de uma revista de videogame. A manchete de capa da *Xbox: The Official Magazine* era: "Os quatro segredos do Grand Theft Auto que você não deveria saber". Peguei e transformei em: "Os segredos do marketing de e-book que você não deveria saber". Usei essa chamada, associada a um produto de 49 dólares, e criei um negócio de seis dígitos.

Um swipe file é apenas uma coleção de anúncios que chamam a atenção. Eu gosto de pegar revistas como *People*, o tabloide *National Inquirer*, mala-direta, catálogos e muito mais. O mais importante: qualquer anúncio que faça você gastar tem que entrar nesse arquivo de referências.

AQUI VÃO ALGUNS TEMPLATES PARA VOCÊ USAR IMEDIATAMENTE

O primeiro grupo é o de chamadas "como fazer", como alcançar resultados. Lembre-se: as pessoas querem evitar a dor; elas buscam prazer.

Como _____

- Como melhorar seu treino
- Como se livrar da acne

Outra coisa que você pode fazer é acrescentar um tempo.

Como _____ em apenas _____
- Como dobrar sua quantidade de flexões em apenas 10 dias
- Como se livrar da acne em apenas 24 horas

Qualquer que seja o resultado (fazer ou conseguir algo) em um período que seja "Nossa, isso seria bem legal!" Cuidado para que o prazo seja factível. Então, vá além.

Como _____ em apenas _____, mesmo que _____!

Nesse template, você acrescenta uma coisa que pareça um impedimento ou barreira.

- Como melhorar seu treino em apenas duas semanas, mesmo que você ainda não consiga fazer nem uma flexão sequer!
- Como se livrar da acne em apenas 7 dias, mesmo que já tenha tentado de tudo!

Aliás, esse final é ótimo. Você pode usá-lo para tudo... *mesmo que já tenha tentado de tudo, sem sucesso.*

Aqui vai mais um template de estilo "como" que funciona muito bem.

Como todo _____ pode _____
- Como todo mundo pode se tornar um deus do fitness em 12 semanas
- Como todo adolescente com espinhas pode melhorar a pele rápido

O segundo grupo de templates para chamadas é o que chamo "maneiras de conseguir o que você quer". Funciona bem com números. A chave é usar um número ímpar, como 3, 5, 7 – parecem funcionar melhor e trazem mais credibilidade. Essas chamadas são ótimas para artigos, blogs e vídeos, porque atiçam a curiosidade. As pessoas querem ler para descobrir as diferentes maneiras ou opções de alcançar determinado resultado.

5 maneiras fáceis e rápidas de _____

- 5 maneiras fáceis e rápidas de conseguir seu máximo desempenho físico
- 5 maneiras fáceis e rápidas de se livrar das espinhas

3 maneiras rápidas de _____ e evitar _____

- 3 maneiras rápidas de entrar em forma e evitar novo ganho de peso
- 3 maneiras de se livrar da acne e parar de passar vergonha

Dá para acrescentar até o "mesmo que", o que os livra da culpa dos fracassos passados (o que todo mundo deseja).

5 maneiras fáceis e rápidas de _____, mesmo que _____!

- 5 maneiras fáceis e rápidas de entrar em forma, mesmo que você já tenha tentado de tudo!
- 5 maneiras fáceis e rápidas de sumir com as espinhas, mesmo que sua vida social hoje seja um desastre!

Novamente: você quer mostrar compreensão por algo que traz preocupação e garantir que tudo vai ficar bem.

O terceiro grupo de templates de chamadas gira em torno de "erros". As pessoas detestam cometer erros. Na escola, aprendemos que erros são RUINS. Pense nisso por um instante. Uma prova penaliza pelos erros. Não é a toa que as pessoas surtam! Use isso em sua vantagem, colocando erros nas chamadas para chamar atenção.

Quais destes erros de _____ você vai cometer?

- Quais destes erros de treino você vai cometer?
- Quais destes erros no tratamento da acne você vai cometer?

Acrescente o grupo ao qual seu prospecto faz parte para se conectar com a identidade dele e chamar sua atenção.

Erros de _____ que todos _____ precisam evitar!

- Erros de treino que todos os iniciantes precisam evitar!
- Erros no tratamento da acne que todas as gestantes precisam evitar!

_____ erros de _____ que todo _____ precisa evitar!

- 3 erros de treino que todo iniciante precisa evitar!
- 5 erros no tratamento da acne que todo adolescente precisa evitar!

O quarto template é o de "aviso". Não lembro onde li a respeito, mas mudou completamente minha concepção. Pouco se sabe como os animais respondem ao perigo, especialmente na selva. Quando uma espécie emite um som de alerta, qualquer que seja, TODOS os animais reagem e prestam atenção. No entanto, o sinal de que está tudo bem deve ser específico a cada espécie. Se uma arara grita que um tigre vai atacar, todos prestam atenção, mas, quando ela grita que está tudo bem, os únicos que prestam atenção são as outras araras.

Usar uma chamada de alerta é uma maneira de conseguir atenção, mesmo que não seja do seu público-alvo. Cuidado para não abusar, senão vai virar um fogo de palha enfurecedor. As pessoas são treinadas para prestar atenção a avisos. Rótulos de avisos aparecem em basicamente tudo, desde bulas de remédio até sacos plásticos ou brinquedos de pelúcia. As pessoas reagem ao medo, então chame a atenção com uma chamada de alerta!

CUIDADO: NÃO EXAGERE!

Não seja mentiroso. Se for usar a chamada de aviso, faça de forma inteligente e realista. Senão, vai acabar com a sua credibilidade.

Cuidado: o que todo _____ precisa saber sobre _____

- CUIDADO: o que todo iniciante precisa saber sobre treino pesado
- CUIDADO: o que todo adolescente precisa saber sobre tratamento caseiro de acne

Cuidado: nem pense em fazer _____ antes de ler isto

- CUIDADO: nem pense em começar a treinar pesado antes de ler isto
- CUIDADO: nem pense em tentar se livrar das espinhas antes de ler isto

Aqui estão outros templates de chamadas que você poderá usar e que funcionam muito bem em diversas situações.

Aqui está a solução perfeita se você quiser _____

- Aqui está a solução perfeita se você quiser entrar em forma rápido
- Aqui está a solução perfeita se você quiser se livrar das espinhas ainda esta semana

Aqui está a solução perfeita se você quiser _____ (mesmo que _____)

- Aqui está a solução perfeita se você quiser entrar em forma (mesmo que só consiga treinar poucos dias por semana)
- Aqui está a solução perfeita se você quiser ter a pele limpa (mesmo que pareça impossível)

Meu método _____ testado para _____

- Meu método "20 minutos por dia" testado para você entrar em forma
- Meu método "pele sem espinhas" testado para você se livrar da acne para sempre

Quando você entender que chamadas são templates, padrões, notará por toda parte. Um lugar ótimo para observar é na fila do supermercado. Procure as chamadas e os bullets na capa das revistas de fofoca. Não leia as histórias sobre subcelebridades, apenas as chamadas: como são estruturadas e como você poderia adaptá-las para as suas necessidades.

Reconheça que os templates de chamadas estão por toda parte. Preste atenção. Desenvolva um swipe file. Você vai começar a ter ideias para tudo, desde artigos até posts e e-mails, só de prestar atenção nas chamadas que captam a *sua* atenção.

Aliás, há um atalho: desenvolva um swipe file e preste atenção às fórmulas que ajudam você a criar chamadas mais rápido.

O melhor conselho que posso dar a você no quesito "chamadas", além de aceitar o fato de que é preciso usá-las, é investir um tempo, consciente, na sua chamada, não deixar para depois, tratar como algo secundário, como a maioria das pessoas faz.

Em muitos casos, gasto 50% do tempo com a chamada – de carta de vendas, e-mail teaser, cartão-postal, postagem no Facebook etc. Se eu gasto duas horas em um projeto, uma hora é com a chamada (nem sempre, mas é bem comum). Ela merece tempo e atenção, pois é um elemento crucial.

A chamada inicia todo o processo de venda.

RESUMO

- Passe bastante tempo trabalhando nas suas chamadas, principalmente para copy de vendas e anúncios. É o fator número um para determinar seu sucesso ou seu fracasso.
- Nunca poste nada na internet sem uma chamada ou primeira linha contundente. Na dúvida, use a curiosidade das pessoas (por exemplo: "O erro nº 1 nas chamadas que leva à falência").
- Quando tiver uma chamada que funcione, TESTE outras para ver se dá para melhorar. Já tive aumento de 500% em vendas só de ajustar a chamada.

SEGREDO #7

NÃO EXISTE TAMANHO ÚNICO

"Eu não sei falar com todo mundo, só com alguém."
HOWARD GOSSAGE

A maioria das pessoas comete um erro, principalmente na internet: não segmenta o tráfego, o que significa que envia a mensagem errada para o público errado. Lembra o que falei sobre as chamadas? Esse erro é comum especialmente nas chamadas.

Hoje em dia, qualquer um tem um site. Quando fica pronto, todo mundo se anima e diz: "Nossa, meu site está pronto. Graças a Deus. Agora vou vender." Direcionam o tráfego para a página de vendas, mas o problema é que nem todo tráfego é composto das mesmas pessoas. Na verdade, há três tipos de tráfego diferentes, e é preciso ter consciência disso na hora de criar o copy, principalmente a chamada.

Aqui vai uma citação de Eugene Schwartz, mestre de copywriting das antigas. Quando ele escreveu essa frase, não existia internet.

"Se seu prospecto conhece seu produto e entendeu que vai satisfazer o desejo que ele tem, sua chamada começa com o produto. Se ele não conhece o produto, mas tem o desejo, a chamada começa com o desejo. Se ele não sabe ainda o que realmente procura, mas está preocupado com a questão, a chamada começa com a questão e cristaliza em uma necessidade específica."

NO NOSSO MUNDO ON-LINE, HÁ FONTES DE TRÁFEGO QUENTE, MORNO E FRIO

- Alguém que está no seu mailing ou te segue nas redes sociais e sabe seu nome é uma fonte quente de tráfego.
- Alguém que está em busca de uma solução para um problema, mas não o conhece ainda, é uma fonte morna.
- Alguém que ainda não se tocou que há uma solução por aí, mas sabe que tem um problema, é um fonte fria.

Cada grupo precisa receber uma mensagem diferente de você. Portanto, não existe tamanho único.

Vou dar um exemplo usando o teste de aptidão física do meu grande amigo Stew Smith. Stew é um antigo SEAL da Marinha, formado na Academia Naval dos Estados Unidos, que treina todos os caras das operações especiais. Ele também prepara pessoas para o serviço na polícia e no corpo de bombeiros. Stew vende informações sobre os testes físicos necessários para ser admitido nessas corporações. Aqui estão diferentes mensagens que ele envia, a depender do grupo.

FONTE DE TRÁFEGO QUENTE

Pessoas que conhecem o Stew, que recebem a newsletter dele leem o copy específico de lançamento de um novo livro sobre testes de aptidão física. É direto e reto. Todo copy, todos os anúncios, todos os posts dizem: "Ei, o Stew Smith lançou um novo livro chamado *Como passar no seu teste de aptidão física com apenas duas semanas de treino*. Você precisa dar uma olhada, pois nele você vai aprender a fazer isso e aquilo etc. e tal."

Essa mensagem direta funciona bem para quem conhece o Stew.

FONTE DE TRÁFEGO MORNA

Stew tem como alvo no Facebook um público que ainda não o conhece, mas exerce algum tipo de profissão que exija o teste de aptidão física. Ele escreve anúncios sobre preparação para o teste, como ficar em forma, o que fazer se não passar e como melhorar áreas específicas. Todos esses anúncios e postagens direcionam a pessoa ao livro, mas Stew primeiro precisa conseguir a atenção desse público – oferecendo uma solução que os prospectos já estejam buscando. Em seguida, ele conduz esses possíveis clientes aos livros. O público conhece sua própria necessidade (preparar-se para o exame) e, assim, fica receptivo ao anúncio e ao conteúdo desses tópicos.

FONTE DE TRÁFEGO FRIA

Esse grupo está em péssima forma física. Não passa nunca no teste e não sabe o que fazer. Desse modo, recebe mensagens assim: "Não passou no exame de aptidão física e não sabe o que fazer? Você não é o único! Saiba qual é a solução."

COM A ABORDAGEM FOCADA, CADA GRUPO RECEBE UMA LINGUAGEM DIFERENTE EM SUA MENSAGEM DE VENDA

No entanto, o conteúdo em comum ao copy de vendas da maioria dos potenciais clientes é: "Nós ajudamos pessoas a passarem no teste de aptidão física!"

O que há de errado com esse copy? As pessoas que já conhecem você não precisam dessa informação. Precisam de especificidades sobre como você poderá ajudá-las desta vez.

As pessoas que não te conhecem, mas buscam uma solução, *podem* responder a uma mensagem mais geral, mas responderão melhor a mensagens específicas, como "Ajudamos pessoas a passar no teste físico do FBI", ou "Ajudamos pessoas a conseguir um contrato com os SEAL."

Por fim, para pessoas que nem sequer imaginam a possibilidade de passar em um teste físico ou estão focadas em um problema específico, como sobrepeso, baixo desempenho em corrida ou recuperação de lesões, essa mensagem não vai ter efeito.

Quando você escreve um copy de vendas, precisa ter consciência desses três grupos. Dependendo da situação do seu negócio, pode haver muitas pessoas em determinado grupo. Se você estiver começando, a maioria estará no morno ou no frio. Se tiver um negócio, um produto ou um serviço que exija muita explicação ou as pessoas nem saibam que a solução existe, a maior parte do seu tráfego será fria.

Se o seu tráfego for frio, sua mensagem precisará focar nos problemas das pessoas. Então você deve fazer uma transição de apenas falar sobre o problema para demonstrar a necessidade e, em seguida, mostrar sua solução. Da mesma forma que nas chamadas é crucial atrair as pessoas certas, levar a mensagem de vendas correta para o grupo certo de pessoas faz a maior diferença entre perder dinheiro, ficar empatado ou ter lucro.

Por falar nisso, o local mais fácil de segmentar seu tráfego com essa abordagem é o Facebook. E, felizmente agora, com ferramentas especializadas, é bem mais fácil montar páginas de conversão (*landing pages*) diversas para direcionar cada tipo de tráfego e, assim, mostrar a mensagem certa para as pessoas certas.

Segmentar a mensagem faz toda a diferença quando alguém está lendo sua chamada e seu anúncio. A pessoa decide rapidamente: "Isto é para mim? Este cara entende meu problema ou não?"

ENTÃO, QUAIS SÃO AS CONSEQUÊNCIAS DE NÃO COLOCAR ESSE SEGREDO EM PRÁTICA?

Você terá conversas ruins porque está colocando a mensagem errada na frente da pessoa errada.

Vou contar uma historinha hipotética para ilustrar. Você está conversando com uma pessoa sobre o antivírus XPTO que você vende. Essa pessoa sabe que tem um vírus, mas não sabe como resolver. Nesse caso, a mensagem deve focar em você e no seu produto.

Mas e se você não fizer isso? E se ignorar e falar apenas o que der na telha?

A pessoa fala: "Acho que estou com um vírus no computador e não sei o que fazer."

Você responde com informações sobre o software, como ele ganhou cinco estrelas no melhor site de avaliações, e a pessoa olha e fala: "Tá bom, mas como eu tiro esse vírus do computador?"

E você fala: "O antivírus XPTO é o número um do mundo."

A conversa não faz sentido nenhum! Você está falando do produto e de você, e a pessoa está falando do problema.

Bom, você pode dizer para si mesmo: "Fala sério, Jim! Eles são capazes de ligar os pontos e pensar, 'nossa, o melhor software do mundo vai tirar o vírus do meu computador.'"

Será? É o software certo para o computador deles e para o vírus que está lá agora? Eles não sabem a resposta, e você, que sabe, não a está fornecendo. Seu software não é o foco desse cliente! Sua marca não é o foco! Seu nome não é o foco! Você precisa entrar em sintonia com a conversa que o cliente quer ter para direcioná-lo à solução que você vende.

Então, se o prospecto está focado no problema, comece a conversa com o problema para sincronizar-se com ele. Mostre que você tem a solução.

Se seu novo amigo infectado estiver procurando um resultado ou uma solução específica, como: "Ei, preciso de um antivírus", mas não está dizendo "Preciso do *seu* software", então, você começa com: "Ah, está precisando de antivírus? Olha este software!"

Mas se a pessoa diz: "Ei, estou pensando em comprar o *seu* antivírus", então ela vai precisar ver uma mensagem específica sobre o software que você vende, não um anúncio sobre antivírus em geral.

Se disserem: "Estou com um problema: meu computador está lento e desliga do nada." Você não diz: "Está com vírus!" Você diz: "Oh, seu computador está lento e desliga do nada? Há três motivos que podem levar a isso. Vou te contar quais são." Então segue para potenciais consertos, incluindo o software de antivírus.

Bem, eu sei que esse último ponto é uma área cinzenta (pode ser que você precise reler esse trecho), mas essa área cinzenta é a diferença entre vender para 1% das pessoas que entram no seu site e vender para 20%!

Atalho: O modo mais rápido de entender é pensar nas conversas sobre seus produtos ou serviços que você poderia ter com pessoas quentes, mornas ou frias.

1. Qual seria a conversa com alguém que sabe quem você é e o que você faz?
2. Qual seria a conversa com alguém que sabe da existência do problema, mas não da sua existência?
3. Qual seria a conversa com alguém que sabe do problema, mas não sabe que uma solução sequer possa existir?

Para colocar essa ideia em ação rapidamente em um website, faça três cópias diferentes da página para criar três landing pages. Então, mude a chamada de cada página, de modo a combinar com a temperatura do tráfego. Em seguida, olhe para o seu copy com a perspectiva do público e ajuste o texto existente para se encaixar em cada um. Muitas das vezes, você pode cobrir o meio de campo com ajustes simples, principalmente bem no começo da mensagem (o chamado *lide*).

Por causa da praticidade, não tente mirar em todos os grupos ao mesmo tempo. Escolha um que vai dar a você mais quilometragem, mais rapidamente, e se concentre nele primeiro.

Por exemplo, se tiver um mailing, foque todo o seu marketing na fonte de tráfego quente primeiro! Faça a mesma coisa com os seguidores no Facebook e em outras mídias sociais. Depois, mire no mercado morno, e, por fim, escreva o copy para o frio. Aliás, o frio costuma ser o maior. Se conseguir se conectar com ele, você vai entrar no mundo das grandes vendas!

RESUMO

1. Entenda que diferentes públicos podem usar seu produto ou serviço.
2. Identifique cada público e se comprometa a colocar a mensagem certa na frente da pessoa certa.
3. Não seja preguiçoso e não caia na armadilha do tamanho único.

SEGREDO #8

CONHEÇA FRED
(SEU CONSUMIDOR IDEAL)

"Espelhe o leitor para ele mesmo e apenas depois mostre como o produto se encaixa nas suas necessidades."

RAYMOND RUBICAM

Copywriting não acontece no vácuo. Quando você está escrevendo um copy, é para um grupo determinado de pessoas. Mais especificamente, você está escrevendo um texto que poderá ser visto por um milhão de pessoas diferentes, mas lido apenas por uma por vez. É importante saber para quem se está escrevendo.

Você já deve ter ouvido o termo "avatar", que se refere à representação perfeita do seu consumidor ideal. Eu chamo seu avatar de Fred, seu novo melhor amigo.

Neste segredo, vamos falar sobre como definir o avatar do seu público-alvo de modo que você possa usá-lo no mundo real, sobre por que definir o público-alvo é importante e como olhar de outro modo para o seu avatar. Vou ensinar os 20% que lhe darão 80% dos resultados. Você será supereficiente com sua energia, seu foco e seu esforço.

Muitas vezes, quando se fala de avatar, as pessoas complicam ou ensinam apenas a criar uma história sobre seu avatar. Embora seja uma informação útil (e melhor do que nada), você precisa definir seu avatar de modo que ajude a criar um copy fantástico.

POR QUE É NECESSÁRIO DEFINIR SEU FRED?

Você precisa saber quais palavras ele usa e como expressa as ideias. Precisa saber o que se passa na mente dele, porque o que acontece lá dentro vai determinar se você vai vender ou não, se ele vai se inscrever ou não na sua lista, se ele vai clicar ou não.

É necessário saber o que Fred pensa mais do que ele mesmo. Você precisa saber como entrar na *conversa* lá dentro da mente dele. Se você não estiver conversando sobre o que ele quer conversar, se não mostrar o que ele deseja ver, se não falar o que ele quer ouvir, ele vai ignorar tudo o que você disser.

COMO DEFINIR SEU PÚBLICO-ALVO?

Antes de irmos além, preciso contar que fui expulso da escola de negócios. Tirei nota D- em estatística. Só concluí uma graduação porque concordei em desistir da escola de negócios e tirar um diploma de História. Tudo que ensino vem de experiência direta; não é teoria. Essa informação é baseada em mão na massa, em atuação nas trincheiras, em vender coisas para as pessoas, fazendo bons contatos ou pela web.

Primeiro, entenda quem é seu público. Há duas escolas de pensamento para definir público-alvo. Eu prefiro o termo "nicho", porque nicho se refere a um grupo ou subgrupo específico.

Muitas vezes, quando ouvimos as pessoas falando de nichos, elas estão falando de contagem de palavras-chave. "Meu nicho teve 100 mil buscas por isso" ou "Meu nicho tem 1 milhão de sei lá o quê." Aqui está algo que você precisa entender. As *pessoas* vão comprar de você. Uma contagem de palavras-chave não compra de você. Mais especificamente, as pessoas comprarão de você, uma por vez. É obrigatório saber quem são elas e o que têm em comum que a façam pertencer ao grupo.

Para definir o nicho, há duas escolas de pensamento. Uma é demográfica. Você mede e olha coisas como idade (homem branco de 43 anos). Olha gênero. Localização. A demografia é baseada em números. O problema da demografia é que ela é ampla. Embora eu possa dizer que meus clientes têm entre 40 e 65 anos, 60% são mulheres, 40% são homens, vivendo nos Estados Unidos, Austrália, Reino Unido e Canadá, e alguns estão espalhados pelo mundo todo – tudo isso é amplo demais para vender algo. É interessante como as pessoas se apegam à demografia, mas, se você só usar esse critério, terá dificuldade em vender alguma coisa para alguém.

Prefiro usar a segmentação psicográfica. Os estudos psicográficos se referem ao que está acontecendo dentro da cabeça de alguém. Em que o possível cliente está pensando? O que o motiva? Quais são suas atitudes e aspirações? Eu uso psicografia primeiro e depois refino meu nicho com a demografia.

As análises psicográficas são coisas de que entendo. Fred tem problemas específicos. Fred também tem interesses, desejos e objetivos. São coisas importantes para um copy de vendas. Se conheço seus problemas, se conheço seus interesses, se conheço seus desejos, se conheço seus objetivos, então sei como me comunicar com você. Sei como atrair você com presentinhos. Sei como me conectar com seus sentimentos. Sei como entender e identificar várias situações nas quais você se encontrará e onde poderei colocar minha mensagem de vendas na sua frente.

Você pode usar essa informação para reduzir sua mensagem, porque compreender seu público tem mais a ver com excluir do que com incluir. Prefiro ter um público de 10 mil pessoas totalmente focadas, para as quais posso mandar mensagens de vendas específicas, do que 100 mil pessoas casualmente interessadas em algo no qual vou gastar uma pilha de dinheiro com copy e elas nunca vão comprar nada.

Você precisa definir quem é o seu público-alvo e precisa de uma maneira específica para fazer isso. Vou ajudá-lo agora mesmo.

Há três níveis de definição.

O primeiro é a ideia de nicho. Um nicho é muito amplo. Um exemplo é o mercado imobiliário – muito amplo para escrever anúncios e copy de vendas significativo.

Segundo, precisamos seguir para o que chamo de subnicho. Uma parte menor dentro de um nicho maior. No nosso exemplo, poderia ser o investidor de mercado imobiliário. Dentro desse subnicho, há diferentes tipos de investidores de mercado imobiliário. Pessoalmente, fiz parte de vários deles. Já fui o reformador. Já fui o especulador. Já fui o investidor de fundo imobiliário.

Por fim, precisamos cavoucar ainda mais para encontrar nosso Fred. Olhamos para o micronicho, no qual vamos focar para valer. Novamente, como o subnicho é uma parte menor do nicho maior, o micronicho é uma parte ainda menor do subnicho. Nesse caso, podemos falar do "reformador", em geral um empreiteiro que pega uma casa barata, em frangalhos, dá "um tapa" nela em um mês ou dois e depois revende, em busca do lucro, claro.

Pois bem: essa pessoa do micronicho é o Fred. Fred, o Reformador. Fred, o Reformador, tem necessidades muito diferentes do Ronnie, o Corretor, ou do Randy, o Investidor, ou de Sue e Johnny, o casal em busca de uma casa para comprar. Entender Fred, o Reformador, ajuda seu copy a dar um salto gigantesco, porque você tem uma compreensão melhor de quem ele é.

Por que você vai querer limitar tanto assim? Primeiro, é mais fácil de mirar. Quando miramos nossos anúncios no Facebook ou Google AdWords, compramos mídia de outros sites, compramos anúncios em sites ou newsletters, precisamos saber quem vai ver esses anúncios.

Também é mais fácil achar seu nicho, porque sabemos que cara ele tem. Achamos mais pessoas e eliminamos as que não são o alvo perfeito. Não só você vai ganhar mais dinheiro, como vai economizar em gastos com anúncios.

Limitar facilita a comunicação, porque você usará as mesmas palavras que seus prospectos. Copy de vendas usa palavras mágicas para converter. São as palavras que os clientes estão usando agora, então eles sabem que você os escuta, que os entende e não os subestima. A mensagem certa é aquela que contém as palavras que eles usam, que querem ouvir e que foca neles diretamente.

Menos é mais.

Apesar do que dizem por aí, é difícil emitir uma mensagem efetiva para milhões de pessoas. Esse é um tipo de oferta institucional, de larga escala e generalizante. Se você conseguir fazer uma oferta generalizante, achar um grupo de 1 milhão de pessoas para quem ela faça sentido e que responda bem aos seus anúncios, então vá em frente. A maioria de nós se dá melhor com um metro de largura e um quilômetro de profundidade do que com um metro de profundidade e um quilômetro de largura.

COMO DEFINIR SEU AVATAR?

Eu gosto de chamar meu avatar de Fred. Fred começou como um acrônimo para Fears, Results, Expectations and Desires (FRED) [Medos, Resultados, Expectativas e Desejos, em português]. E foi daí que o nome surgiu, mas, depois de mergulhar nisso e usar por anos, descobri uma maneira melhorada de explicar ou codificar o que é um avatar.

Seu avatar precisa de um nome porque, quando você se senta para escrever um copy ou usar uma ferramenta especializada, precisa ter uma pessoa específica em mente. Lembre-se, eu falei que você pode vender para milhões de consumidores, mas cada um faz uma compra por vez. Você precisa se comunicar com uma pessoa específica, não com um grupo.

No exemplo anterior, seu revendedor de casas é Fred, o Reformador. Se seu nicho for jardineiros, eles são dedos verdes? Tenho um amigo que vende aparelhos para ginástica. Ele se refere ao avatar como preguiçoso, pois eles se referem a si mesmos como preguiçosos. Ele os ajuda a se tornarem ex-preguiçosos. São mamães? São fãs de ficção científica? Quem são? O que são? Como se chamam? Eles precisam de um nome. Você pode mudar depois, mas é necessário se referir à pessoa específica.

Outra coisa que você pode fazer, e eu já fiz também, é pesquisar no Google pelo nome. Veja que imagens aparecem no Google Imagens. Então, escolha uma e imprima. Quando estiver preparando seu copy de vendas, visualize uma conversa ou uma carta para aquela pessoa da imagem. Faz uma diferença enorme na sua capacidade de escrever copy de qualidade.

AGORA QUE SABEMOS *QUEM* SÃO, PRECISAMOS FALAR SOBRE *O QUE* ESSAS PESSOAS QUEREM

Quando eu estava começando, pensava: *Tenho que vender o que as pessoas precisam. O que essas pessoas precisam?* O que aprendi é que ninguém compra o que precisa. Todo mundo precisa perder peso, mas ninguém toma uma atitude nesse sentido. Pessoas compram aquilo que querem. Ponto-final. O que importa é que **elas compram o que querem, não o que precisam**.

Você precisa vender o que elas querem. Você precisa *querer* vender-lhes o que elas querem, não o que elas precisam. Algumas pessoas têm até gastrite com essa história. Não estou dizendo para você vender coisas desnecessárias; mas, pelo ponto de vista do copy, você só deve falar sobre o que as pessoas querem. Não fale sobre o que elas precisam. Igual a quando você diz a uma criança que é hora de dormir, ela vai pensar: *Vá se ferrar. Quero ficar acordado, comer doce e maratonar* Barney *na Netflix a noite inteira.* É isso o que elas querem!

Não fale do que as pessoas precisam. Fale do que elas querem. Inclua aquilo que elas precisam nas suas vendas ou serviços. Mas, quando for escrever o copy, só fale, comente, mostre e inclua aquilo que elas querem. É crucial entender a distinção. Com frequência, quando ensino esse ponto, eu escuto: "Bom, mas não é ético. Você precisa vender aquilo que o cliente precisa ou ele não vai ter o resultado prometido." O que estou dizendo é que você vende o que o cliente quer e inclui o que ele precisa.

FRED 2.0

P2OR é a senha para entrar no cérebro do seu público. O que P2OR significa?

Imagine: Fred está na beira de um penhasco, olhando para outro penhasco, do outro lado. Suas pessoas também estão aqui.

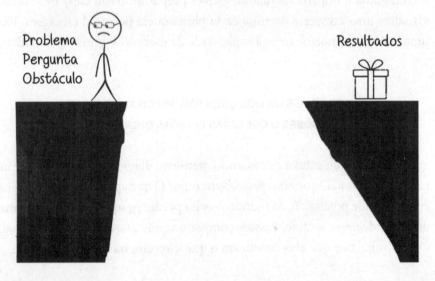

Ele quer estar do outro lado? Como atravessar? Seu copy será a ponte. O que está do lado do Fred? Ele sabe que tem problemas. Tem perguntas também. Há obstáculos. Coisas concretas que o impedem de seguir. Ele conhece todos os problemas, perguntas e obstáculos. Ele também está ligado naquilo que quer e que está lá no outro penhasco. Ele quer ir daqui até lá.

O que vai ajudá-lo a fazer isso (essa é uma distinção importante) é seu copy de vendas. Não é seu produto nem seu serviço ou software.

Ele não consegue dar esse salto até se convencer. Seu copy de vendas ajuda no convencimento. Os problemas, as perguntas e os obstáculos o deixam plantado no primeiro penhasco. O que ele deseja são os resultados do outro lado. Esses P2OR definem seu nicho. Você pega esses problemas, perguntas, obstáculos e resultados e os transforma em um sub ou micronicho.

Vamos observar por outra perspectiva. Sabemos onde Fred está. Fred só pensa no P2O. Ele quer resultados, mas a maioria das pessoas está presa aos próprios problemas. Ele está paralisado. No primeiro penhasco, temos a vara. No outro, a cenoura. O poder da vara é bem mais prevalente nesse mundo do que o da cenoura. Na verdade, se você analisar bem, é 3 para 1. Fred vê problemas, perguntas e obstáculos de um lado e os resultados almejados do outro.

Para movê-lo até o outro lado da fenda, você constrói uma ponte com seu copy de vendas. Se ele tem perguntas, você mostra que tem as respostas. Se ele tem obstáculos, você mostra como removê-los, pois ele só pensa nisto: problemas, perguntas e obstáculos. Para ele andar, precisa saber que você pode resolver problemas, dar respostas e remover obstáculos. Só então ele acreditará que conseguirá os resultados. Só então ele estará disposto a fazer a jornada até o outro lado da ponte (e comprar)!

Qualquer forma de copy de vendas pode ser usado para Fred atravessar o abismo. Pode ser um vídeo, uma carta formal, um artigo, qualquer coisa. Seja copy ou conteúdo, marketing: é isso que está na mente dele. Você se sintoniza com os problemas, as perguntas e os obstáculos, então começa a demolir um por um e mostrar para Fred como conseguir os resultados que você vende.

Lembra quando falamos de tráfego quente, morno e frio? Esse conceito lida com tráfego frio e um pouco de morno. Se quiser ganhar dinheiro, precisa ir atrás do tráfego frio. Bem, é assim que se faz. Você entende seu avatar tão bem que, quando ele estiver no estágio frio, você será capaz de se comunicar por meio dos problemas, perguntas e obstáculos que ele tenha.

Foque nos problemas, nas perguntas, nos obstáculos e nos resultados do avatar. Você terá 100% de atenção do Fred. Ele não pensa em mais nada.

A conversa na mente dele só tem isto: problemas, perguntas, obstáculos e resultados.

A questão para você é, então, como saber o que se passa na mente do Fred? Onde e como descobrir problemas, perguntas, obstáculos e resultados do avatar na sua mira?

COMO DESCOBRIR O P2OR DO FRED?

1. **Interação ao vivo.** Quando estiver em um evento grande, ouça as reclamações. Qual é o problema? Com o que as pessoas estão frustradas? Onde está sua dor? Que perguntas estão fazendo?
2. **Olhe para si mesmo.** Costumamos ser nosso próprio público-alvo, seja agora, seja no passado. Quais são seus problemas? Suas perguntas? Seus obstáculos? Quais resultados almeja? Você é um ótimo insight para os sentimentos do Fred, o que o impede e o que lhe provoca insônia.
3. **Fóruns.** Fóruns ainda existem na web. Não despreze nem ignore fóruns com membros específicos de seu público-alvo. Garimpe esses locais em busca de problemas, perguntas, obstáculos e resultados desejados.
4. **O help desk do seu site.** Se não tem um, deveria ter. Seu help desk é um local excelente para encontrar problemas, perguntas e obstáculos. Ali, consegui ideias de 1 milhão de dólares para novos produtos. Você verá tendências, bem como perguntas específicas. Você pode notar que cinco pessoas tiveram um mesmo problema na última quinzena. Se for o caso, ali está uma nova ideia de produto.
5. **Produtos populares.** Observe coisas específicas como e-books, livros impressos, produtos físicos ou produtos populares para identificar problemas, perguntas, obstáculos e resultados procurados.
6. **Sites de perguntas e respostas como www.quora.com.** Sites assim são lugares ótimos para encontrar perguntas, principalmente se você não estiver no mercado de ensinar as pessoas as melhores e mais recentes técnicas para vender coisas no Instagram. Por exemplo, minha

amiga Suzanne vende coisas na área de comportamento animal. Perguntas e problemas sobre comportamento animal não mudaram nos últimos vinte anos. As respostas podem ter mudado, mas as perguntas dos consumidores não mudaram no seu público-alvo.

7. **Pesquisas.** Eu amo fazer pesquisas porque recebo pensamentos e respostas recentes sobre os problemas das pessoas. São especialmente úteis para um nicho em constante mudança.

8. **Redes sociais.** Você pode encontrar problemas, perguntas, obstáculos e resultados que as pessoas buscam nos grupos do Facebook e no Twitter. Busque hashtags em alta.

Analise essas ferramentas e fontes. Listamos oito aqui, mas há outras maneiras disponíveis.

COMO USAR ESSAS FERRAMENTAS PARA ENCONTRAR AQUILO DE QUE PRECISA?

1. **Sites de perguntas e respostas.** Vá até um site de perguntas e digite "reforma e venda de imóveis usados". Você verá perguntas como: "Reformar e revender imóveis é lucrativo? Faz sentido nesse mercado investir em imóveis usados para reforma? Como eu começo a investir em imóveis sem capital inicial? Como as pessoas compram e revendem imóveis no exterior? Como conseguir parceiros para essa empreitada? É possível investir em imóveis no exterior? Como começar nessa área? Onde aprender sobre essa área? Como conseguir um investidor? Você se educa a respeito das perguntas que as potenciais pessoas do seu nicho estão fazendo. Então, use as questões para criar conteúdo, chamadas e pontos de partida.

2. **Pesquisas.** Pode ser que você não esteja interessado em fazer uma pesquisa própria por meio de sites como o Survey Monkey. A boa notícia é que não precisa. Olha que legal: dá para achar pesquisas já realizadas e analisar os resultados. Vá até o Google e pesquise uma palavra-chave mais a palavra "pequisa". Por exemplo: "pesquisa sobre

reforma de imóveis usados". Você encontrará dados para revisar e ficar sabendo mais sobre o Fred.

3. **Redes sociais.** Outra maneira é simplesmente fazer uma pergunta no Facebook. Pessoalmente, acho essa uma das mais inteligentes. Pergunte em um grupo. Em uma página. No seu perfil. Pergunte às pessoas qual é sua maior dificuldade e sua maior questão. Elas vão contar as preocupações, as perguntas e os obstáculos delas. Uma maneira divertida é usar um meme como parte da postagem para atrair atenção. O ponto é: o Facebook e as redes sociais são uma ótima maneira de fazer pesquisas.

4. **Pesquisa no Google.** Procure sua palavra-chave junto com Perguntas Frequentes, ou Erros, Dúvidas, ou Top 10. Você vai encontrar um monte de informação útil. Olhe os dez primeiros resultados para enxergar as perguntas.

5. **Produtos populares.** Isso é como "hackear" o funil ou a audiência. O que se olha em um produto existente? Se é um livro, olhe o sumário, os capítulos e do que falam. Olhe o índice de palavras, termos ou talvez coisas sobre as quais nem tinha pensado ainda. Você pode olhar o copy de vendas de ofertas nos funis ou websites dos outros. Também pode analisar feedback, porque ele vai mostrar como o mercado reage. As resenhas cinco estrelas da Amazon vão dizer "É incrível". Consulte as de uma estrela para saber do que estão reclamando. Observar essa informação fornece um insight do que as pessoas querem. Elas querem recheio. Querem respostas às suas dúvidas. Querem valor. Querem informação passo a passo. Querem conteúdo.

A conclusão de tudo isso e no que você precisa focar na hora de escrever o copy é: o que as pessoas querem. Fred está no primeiro penhasco. Quer ir para o outro. Fred quer mudar como está se sentindo. Ele quer menos de uma emoção e mais de outra. Está preso na sua própria mente com P2OR porque sente medo, estresse, dor, tédio. Essa é a realidade dele. É a situação da maioria. Fred quer mudar como se sente.

Mas você não pode mudar como ele se sente focando no dinheiro.

A maioria das pessoas de negócio foca no dinheiro. Bem, dinheiro não é a resposta. O que Fred quer é sair do medo e ir para a segurança. Ele quer sentir que as coisas ficarão bem e ele ficará seguro. Quer sair do estresse e entrar na paz. Ele quer passar do desespero para o "hum, que gostoso". Quer passar da dor para o conforto. Quer sair do tédio e se divertir.

Aliás, um dos componentes mais subestimados do copy de vendas é a diversão. Veja como adicionar diversão. É uma das chaves que usamos para vender o Jim Boat, um seminário em um cruzeiro que fazemos desde 2007. Sempre aborda um tema diferente. Às vezes, é marketing de e-books, outras, como construir sua newsletter. Cada ano é um tópico diferente com botões quentes que pressionamos a cada vez.

Uma das coisas que mais vendem é a diversão. A diversão de navegar em um barcão legal e se divertir com pessoas sintonizadas com você. Acabamos indo parar em alguma ilha tropical, debaixo de uma palmeira, turistando, bebendo drinks com guarda-chuvinha e nos divertindo a valer!

Descreva para o seu avatar as coisas legais que ele vai aprender, bem como a diversão que terá. Não subestime a parte da diversão.

Como usar o P2OR com seu público-alvo? Quero bater nessa tecla. Fred está 100% ligado no que está rolando na mente dele. É isso. Ele está ligado nos problemas, perguntas, obstáculos e resultados desejados (os quais ainda não alcançou). Há um termo técnico para isso, chamado Sistema Ativador Reticular. Basicamente, você sintoniza e reconhece aquilo que já está buscando, excluindo todo o resto.

Todo o seu conteúdo, pago ou gratuito, precisa focar na mesma coisa. Seus anúncios, postagens no blog, vídeos, postagem no Facebook ou em outras redes sociais, lives, memes e webinars – todos baseiam-se no P2OR do Fred. Suas chamadas focam em problemas, perguntas, obstáculos e resultados dele.

SUA TAREFA

Sua tarefa é montar o Fred. Ele precisa ficar completo. Você precisa entrar em ação com seu amiguinho, o Fred.

Primeiro, defina seu Fred. Vá de um nicho grande para sub e micronichos. Pode haver mais de um. Penso no nicho como círculos de um alvo de dardos. Quando você joga o dardo, o nicho geral é o círculo externo. Um subnicho é um círculo interno. O micro é a "mosca". É necessário identificar atrás de quem você está indo.

Próximo passo: identificar e anotar os dois principais problemas do Fred. E, então, as duas principais perguntas. Em seguida, os dois principais obstáculos.

Por fim, quais os dois principais resultados que Fred busca?

Não seja como a maioria, que pula esta tarefa. Medianos vão escrever duas respostas para cada área, mais os empenhados vão escrever de cinco a dez. Quero que crie uma lista de cinco a dez para cada, pois as duas primeiras serão as óbvias. Três ou quatro extras vão dar o que pensar. A quinta deve ser a conexão mágica.

Se fizer as dez, então você vai se conectar profundamente com Fred. Você quer chegar a cada resposta de cada área que dê aquele empurrão emocional. Como você vai usar esse insight com Fred? Use como mágica.

Vou mostrar algumas chamadas que poderão ser feitas baseadas no P2OR do Fred.

- Você não precisa ser um corretor de imóveis profissional para investir em bons negócios.
- Segredo garantido para conseguir bons negócios rapidamente.
- Descubra a nova maneira de conseguir fechar bons negócios rapidamente.
- Como encontrar bons negócios de forma rápida e evitar aquela casa-abacaxi que vai acabar com seu negócio!
- Finalmente! Revelado o verdadeiro segredo para encontrar aquela casa ideal para reformar e revender.
- Como encontrar ótimos negócios em apenas uma semana, mesmo sem capital inicial na sua conta-corrente!

Tudo o que fiz foi pegar os P2OR do Fred, o Reformador, e colocá-los nos templates das chamadas discutidos no Segredo #6. Instantaneamente, passamos de "Como vamos usar essa pesquisa?" para "Caramba! Estamos escrevendo copy, e do bom."

Vamos elaborar alguns **títulos de e-mail** com base no P2OR do Fred.

- Hackeando o investimento no mercado imobiliário.
- Feche bons negócios: duas grandes ideias.
- O verdadeiro segredo para fazer bons negócios em reforma.
- Encontre bons negócios na metade do tempo. Dois atalhos para investir no mercado imobiliário.
- Para encontrar bons negócios, isso aqui funciona que é uma maravilha.
- Para reformar e vender, isso aqui funciona.
- O caminho mais rápido para lucrar com imóveis reformados.
- Um exemplo do que funciona para fechar aquele negócio imobiliário.
- Um atalho para ótimos negócios.
- Encontrei essa ferramenta incrível para investimento imobiliário.
- Mais maneiras de encontrar bons negócios e fugir das roubadas.
- Checklist para investir em imóveis para reforma.

E copy que usa bullets para **atiçar a curiosidade** do Fred?

- Ajuda a encontrar bons negócios rápido.
- Facilita para fisgar os negócios desprezados pelos outros.
- É a chave para lucrar em todos os negócios.
- Três passos para não ficar correndo atrás de negócios sem futuro.
- O verdadeiro segredo para se divertir fechando negócios.
- Como encontrar negócios de alto lucro em qualquer mercado.
- Não se preocupe mais com casas-abacaxi que vão acabar com seu negócio.

Esses bullets atiçam a curiosidade do Fred porque usam a linguagem exata dele, além de mirar nos interesses e nos medos dele. Francamente, quando se lê, não há nada sobre o produto em si. E tudo bem, porque é assim que se fazem bullets para atiçar a curiosidade. Você vai descobrir mais a respeito disso no Segredo #9.

Inclusive, quando eu finalmente entendi o Fred, criei o Funnel Scripts. Quando você conhece o Fred e tem o Funnel Scripts, pode criar qualquer copy de vendas. O Funnel Scripts pega suas partes do Fred e ajuda a montar um copy fantástico com apenas um clique do mouse.

Conhecer o Fred lhe fornece todos os blocos necessários para construir copy de vendas incríveis sem gastar anos tentando aprender. Por isso, repito, você precisa identificar o Fred. Descubra os P2OR do Fred e terá a chave do reino do copy. Entender o Fred é a chave para o sucesso.

RESUMO

- Conheça seu público melhor do que ele conheça a si mesmo.
- Preste mais atenção aos dados psicográficos do que aos demográficos.
- Conheça os P2OR do Fred.
- Se quiser um atalho (ou hack), use um serviço especializado para ter ajuda automática e colocar toda essa pesquisa e conhecimento sobre o Fred no seu copy de vendas, mais rápido do que qualquer outro método.

SEGREDO #9

A FÓRMULA DEFINITIVA PARA ELABORAR BULLETS

"Copy não é escrita. Se alguém falar 'você escreve copy', mostre a língua. Copy não é escrito. Copy é montado. Você não escreve copy, você o monta. Trabalha com um conjunto de blocos de construção, reunindo, montando estruturas determinadas e criando a cidadezinha ideal para a sua pessoa entrar ali e morar."

EUGENE SCHWARTZ

Os bullets de copy de vendas são o burro de carga de qualquer copy. O termo "bullet" vem de "bullet point", essas listas com pontinhos, em geral, de três a doze por vez. Você os vê por toda parte, desde nas listas da Amazon até em cartas de vendas longas, e-mails curtos e brochuras. Usam-se bullets para atiçar a curiosidade e mostrar as razões para que seu potencial cliente tome aquela determinada ação. Essa ação pode ser desde fazer um pedido, até assinar uma lista ou fazer uma ligação.

Bullets:

- Aumentam a curiosidade e elevam nas pessoas a pressão que sentem, o que as instiga a comprar mais rápido.
- Chamam atenção das pessoas para que você possa abordar suas vontades (e necessidades) específicas e, assim, vender mais.
- Trazem informações importantes de forma rápida, de modo que você consiga transmitir sua mensagem mais depressa e maximizar cada centavo gasto em anúncios.

O interessante é que, quando a maioria das pessoas cria bullets, inclui apenas recursos. Por exemplo, se for uma furadeira, vão dizer: "Ei, tem 18 volts e faz um furo de 2,5 cm." Como se alguém fosse entender uma coisa dessa! Recursos são o que indicamos em "especificações técnicas".

O problema é que as pessoas não compram pelos recursos. Recursos servem para comparação. **As pessoas compram pelos benefícios**. O que o cliente terá como resultado desse recurso? Entenda a diferença entre recurso e benefício.

Um recurso é o que a coisa *é*.

Um benefício é o que a coisa faz por você.

Vamos pegar o exemplo da furadeira: 18 volts é um recurso. Ele permite que você fure madeira dura como se fosse manteiga, então dá para fazer um bocado de buracos sem precisar recarregar a bateria a cada cinco minutos.

O fato de fazer um furo de até 2,5 centímetros (o recurso) significa que é versátil para todo tipo de projeto, sem você precisar ficar trocando de ferramenta (o benefício).

Novamente, entenda a diferença entre recursos e benefícios. Os recursos não levam a compra nenhuma. O benefício desses recursos leva a compra.

Seu copy não precisa ter mil bullets. Dependendo do job, quatro a doze bullets excelentes superam cinquenta porcarias.

Bullets têm funções diferentes no copy. Você pode colocar uns três no topo da carta, logo abaixo da chamada que atraiu a atenção. Pode usar bullets na descrição do produto, seja vendendo na Amazon, no seu site ou pelo e-mail. Bullets são o que suportam o peso do copy. Depois que a chamada atrai, você pode usar os bullets para:

- Resumir o que será visto em vídeo;
- Dar um preview da postagem no blog;
- Listar os benefícios;
- Mostrar razões para o prospecto continuar lendo e tomar uma decisão;
- Resumir o que os clientes estão comprando;
- E muito, MUITO mais!

Se não aprender a usar bullets, você terá um problema em construir a curiosidade necessária para levar as pessoas adiante no processo de compra. Não vai gerar a pressão que leva à compra.

Aqui vai uma historinha sobre usar bullets em uma venda.

A carta de vendas sobre a qual comentei na Introdução deste livro converteu 1,5 milhão em vendas de um e-book a 29 dólares a unidade. Para dar um impulso nas vendas com aquela carta, usei uma lista de bullets que correspondia a páginas específicas do livro. Então, para alguém que estava lendo os bullets em "Do que se trata este livro?", vira algo tangível:

- Como vender no Amazon Kindle e RÁPIDO! (O vendedor número um de e-books QUER vender o seu livro – veja como!) (p. 14)
- O segredo *certeiro* para criar um e-book que vende como água enquanto você se diverte! (p. 23)
- Como evitar rapidamente o erro nº 1 que os autores cometem e que os leva a demorar meses e até anos para escrever um livro… e termine o seu em poucos dias. (p. 7)
- O passo a passo para fazer um e-book DE VERDADE em menos de três dias! (p. 103)
- O e-book à prova de balas para escrever e vender on-line, e rápido! (p. 2)

Já fiz isso com produtos de vídeo também. Você pode escrever com os marcadores de tempo dos vídeos.

Então os bullets:

- Dão às pessoas motivos para agir;
- Geram curiosidade;
- Carregam o fardo de explicar o que é seu produto e o que ele fará pelos consumidores.

Acho que o truísmo sobre recursos e benefícios é parcialmente verdade. Você já deve ter ouvido o velho ditado: "As pessoas não compram a furadeira, compram o buraco." Bem, acho que você precisa furar mais fundo! O cliente não quer o buraco na parede; quer que a esposa pare de encher a paciência por ele não ter pendurado o quadro ainda! Quer divertir as crianças fazendo um furinho na frente da casa de passarinhos ou fazer furos para montar o brinquedão no quintal.

Você precisa perfurar até chegar ao significado de cada benefício.

Então, aqui está minha fórmula prática para criar bullets. Você já deve ter visto esse segredo por aí e nem notou.

FÓRMULA BÁSICA DE BULLETS

Fórmula: Tem _____ para você fazer _____

Lembre-se:

- Recurso = o que a coisa é.
- Benefício = o que a coisa faz.

Bem, cansei de furadeiras, vamos falar de algo sexy. Chaves! Aqui estão alguns bullets que escrevi para um conjunto de chaves Dewalt que eu andava namorando na Amazon, mas não me convencia a dar o clique final na compra. Acho que simplesmente não sou muito apegado a essas ferramentas.

Aqui está a lista original da Amazon:

- Conjunto em peça única.
- Tamanhos SAE.
- Estrutura em aço-cromo-vanádio.
- Marcas estampadas para fácil identificação de tamanho da chave.

Bocejo. Nada atraente, mas eu quero comprar essas chaves, então vamos dar uma forcinha para elas.

- Conjunto em peça única *para você manter* todas as suas chaves em um só local.

- Tamanhos de acordo com o SAE, *para você ter* o tamanho ideal sempre ao seu alcance.
- Estrutura em aço-cromo-vanádio *para garantir* durabilidade e resistência.
- Marcações estampadas *para* fácil e rápida identificação do tamanho certo da chave.

Já fizemos diferença. Já está melhor do que os bullets de 80% das pessoas, só de acrescentar os benefícios, mas queremos ser melhores que 99% do que existe por aí, e é aqui que entra minha fórmula infalível. Quer ver?

Recurso + Benefício + Significado

Recurso = o que é.

Benefício = o que faz.

Significado = o que *significa* para o comprador/leitor/prospecto.

Fórmula: Tem _____ para você fazer _____, ou seja _____.

Então, vamos *incendiar* esses bullets e mostrar que até o pai mais descoordenado poderá ser o mecânico dos sonhos com essas ferramentas. Uma verdadeira lista de "Querido, conserta isso"! Vamos lá?

- Conjunto em peça única *para você* manter todas as suas chaves em um só local, *ou seja*, nunca fique com a chave errada na mão;
- Tamanhos de acordo com o SAE, para você ter o tamanho ideal sempre ao seu alcance, *ou seja*, terminar os projetos rapidinho e ficar livre;
- Estrutura em aço-cromo-vanádio, para garantir durabilidade e resistência; *ou seja*, você pode usar à vontade, sem quebrar nem ter que gastar MUITO mais comprando outras;
- Marcações estampadas para fácil e rápida identificação do tamanho certo da chave, *ou seja*, chega de estragar as porcas.

Quando você começa a falar dos benefícios e do significado deles, seus bullets do copy de vendas (e seu copy de vendas no geral) darão um salto quântico em efetividade. E você, quando começar a pensar em termos de benefícios e significado, o céu é o limite para o seu poder de vendas.

Então, vamos finalizar este segredo: quando estiver escrevendo bullets, aproveite o impulso. É como o brainstorming das chamadas. Conforme for fazendo os bullets, as ideias vão surgindo para novos bullets. Conforme você se focar em recursos, benefícios e significados, seus bullets vão melhorar cada vez mais. É como em uma corrida: você vai aproveitando o impulso e melhorando suas passadas!

Outra coisa, se precisa de cinco ou seis bullets, escreva dez a doze, e escolha os cinco melhores. Repito: aproveite o impulso. Uma última coisinha. Dá para criar um swipe file bem eficiente para bullets. Recomendo criar um arquivo para todos os bullets que chamam sua atenção. Da mesma forma como com o arquivo de referência para as chamadas, um arquivo de bullets será bem útil quando você precisar bolar uma porção de bullets rapidamente.

RESUMO

- Bullets são o burro de carga que você vai usar para gerar curiosidade no copy.
- Cinco bullets incríveis ultrapassam trinta bons.
- Sempre inclua significado nos bullets, pois esse é o tempero secreto que fará a diferença.

SEGREDO #10

O QUE REALMENTE CONVENCE AS PESSOAS (NÃO É O QUE VOCÊ ESTÁ PENSANDO)

"Há dois motivos para a ação: interesse pessoal e medo."

NAPOLEÃO BONAPARTE

"Quando estiver lidando com pessoas, lembre-se de que não são criaturas lógicas, são criaturas emocionais."

DALE CARNEGIE

Este segredo é sobre por que e como fazer as pessoas reagirem com emoção, porque a emoção é o que leva às compras. O segredo anterior, sobre bullets, será levado a um patamar além. Como? Bem, falamos de recursos e benefícios. Recursos *são* coisas (tem um motor de 18 volts; faz um furo de 1 centímetro; é um vídeo de 30 minutos com exercícios). O benefício é o que o recurso *fará* por você. Significado é a combinação de recursos e benefícios.

Eles sabem que o benefício de um motor de 18 volts é ter mais potência e não ficar sem bateria. Você não vai ficar na mão. O último passo, porém, é mais crítico. Você precisa divulgar os resultados.

Significado gera emoção.

O motor de 18 volts tem a potência para lidar com qualquer projeto.

O que isso significa para o meu prospecto ideal?

Na verdade, você precisa fazer essa pergunta a respeito de *qualquer* alegação, recurso ou benefício que apresentar em copy de vendas.

Pode significar que sua esposa ficará feliz por você fazer todos os consertos da lista que ela pediu e rápido. Pode significar que você terminará os projetos com tanta rapidez que terá tempo de sentar e ver o jogo depois. Pode ser que seu filho fique feliz de vocês fazerem uma tarefa juntos. Significa que você terá mais tempo livre no fim de semana, em vez de ficar esperando a bateria recarregar.

O significado é o nível seguinte de conexão com as pessoas, em nível visceral, a respeito do qual seu produto, serviço, software etc. fará por elas, e é nesse nível que elas compram. Você pode já ter ouvido o ditado "as pessoas compram na emoção e justificam na razão", e é *verdade*!

Como encontrar o significado? Fácil! Sempre que vir uma alegação, recurso ou benefício, pergunte-se: "Por que isso é importante?", "Por que importa?", "Por que o estardalhaço?"

Você pode estar se perguntando: "Por que eu quero transformar uma furadeira em algo emocional?" E eu respondo que, se você vende furadeiras e quer vender muitas delas, as pessoas precisam se emocionar com as furadeiras. Precisam se sentir bacanas por terem uma furadeira em casa. Precisam se sentir espertas por terem comprado aquela furadeira. Precisam se sentir parte do clube dos machões que têm aquela furadeira. Sentirem que ter aquela furadeira é uma demonstração de amor pelo filho.

Faça isso, e você venderá mais furadeiras!

Aliás, a ideia de injetar emoção pelo significado se aplica a qualquer coisa que vender, por isso é importante. Emoção é o que vende. Você precisa furar (olha o trocadilho) até encontrar a emoção e expandi-la.

Você pode virar e me falar: "Cara, você tá exagerando."

Será? Quando eu digo: "A furadeira tem uma placa magnética na frente para manter seus parafusos presos enquanto trabalha. Ou seja, eles não vão cair na cabeça de alguém debaixo da sua escada. Esse recurso pode evitar um machucado em alguém... até mesmo no seu filho", novamente você pode achar que estou exagerando, mas não estou!

Você precisa perfurar o poço até encontrar a fonte da emoção ligada a cada um dos recursos. O legal é que funciona da mesma forma que nos bullets ou em qualquer outra alegação; basta começar com: "Tem _____ para você fazer _____." Agora você começou a dimensionar seu produto. Está chegando na parte que as pessoas dizem: "É, quero me sentir assim. É com isso que me importo. Não ligo se é azul ou se tem esse logo, mas quero que meus filhos fiquem seguros. Quero minha esposa feliz. Quero relaxar. Quero acabar com essa maldita lista de afazeres logo para sentar e assistir ao jogo, cochilar e derrubar amendoim no colo."

Esse é o significado da furadeira. Assim que você fizer a conexão, suas vendas vão bombar! As consequências de não o fazer são duras. Se você não criar conexão no nível emocional, então será como todos os outros. Então as pessoas avaliarão seu produto, sua consultoria, seu software ou o que seja apenas baseadas no preço, porque é só o que terão ao seu dispor. Esses clientes não estão sentindo nada! Mas, assim que os fizer sentir alguma coisa, você vai conquistá-los. Eles precisam de um PORQUÊ poderoso para comprar, pois o **PORQUÊ gera emoção.**

Agora, vou contar uma historinha rápida.

Aqui está o motivo pelo qual me inscrevi no treino de um cara chamado Stew Smith. Ele me envia treinos por e-mail, embora eu já viesse me exercitando e possuísse um monte de livros sobre exercícios físicos. Stew me permite ligar para ele e fazer perguntas sobre os treinos, mas eu podia ligar para outras pessoas de graça. Eu me matriculei porque senti a motivação emocional de dizer: "Ei, meu treinador é um SEAL da Marinha. Que maneiro!"

No começo, eu curti o afago no ego quando contava isso para as pessoas. Soltava a informação de vez em quando, talvez mais do que devesse, porque é bem legal, mas aqui está o x da questão. O motivo emocional que me levou a me inscrever no programa do Stew me deixou tão motivado que agora, aos 50 anos, estou mais em forma do que a maioria dos caras de 25. (Consigo fazer 33 barras, cem flexões e cem abdominais seguidos, sem descanso.)

Por causa daquela conexão emocional proveniente de meu treinador ser um SEAL da Marinha, eu:

a. Não vou decepcioná-lo sendo preguiçoso.
b. Nunca mais vou ficar fora de forma na vida, principalmente se quiser continuar contando às pessoas que meu treinador é um SEAL da Marinha.

O motivo emocional para se inscrever/comprar/clicar tem todos os tipos de consequência para o seu funil de vendas no que diz respeito a seu prospecto. Você precisa encontrar essa conexão e amplificá-la. Quanto mais emoções puder associar ao seu produto ou serviço, como amor, medo, ódio, esperança... melhor!

Colocar tudo isso em ação é muito fácil. Aqui está o truque.

Assim que fizer a afirmação do que algo é ou faz, precisa usar as duas palavras mágicas: "ou seja".

"... ou seja, você irá _____."

"... ou seja, você poderá sentar e relaxar."

"... ou seja, você poderá _____."

"... ou seja, você poderá curtir mais sua família."

"... ou seja, você não precisa mais _____."

"... ou seja, você não precisa mais passar o sábado inteiro consertando coisas pela casa."

E é assim que se faz. É assim que se encontra o significado. E, quanto mais cheio de emoção o significado, mais vendas! Associe seu produto a:

- Amor por _____ (família, si mesmo, país, comunidade etc.)
- Raiva
- Medo de _____ (fracassar, errar, morrer, perder etc.)
- Vaidade
- Orgulho
- Desejo de _____ (paz, aparência, realização etc.)
- Ambição
- Liberdade

Associe seu produto ou serviço a coisas que as pessoas querem, bem lá no fundo, e você poderá se conectar emocionalmente com elas bem mais rápido.

Agora que você está consciente disso, preciso usar o conhecimento a seu favor. É necessário incluir esse componente emocional no mix. Assim que o recurso sair da sua boca, imagine o consumidor perguntando "por quê?".

"Por que isso é importante?"; "Por que devo me importar?"; "Por que isso é importante para mim?"; "O que isso significa para mim?" Igual a uma criança irritante que comeu doces demais na festinha e agora está vomitando "por quês". Imagine aquele "por quê?, por quê?, por quê?, por quê?" incessante e será obrigado a bolar umas respostas.

Repito: é uma daquelas coisas para aproveitar o impulso. Escreva dez, vinte, trinta motivos por que um recurso ou benefício importa para o cliente. Isso é importante para seu negócio e sua capacidade de escrever copy incrível. Encontre a conexão emocional.

Agora, a verdade é: quando fizer esse exercício, você não encontrará a conexão emocional no primeiro item da lista. Ele surge depois de você passar pelas respostas fáceis e se obrigar a seguir em frente. Depois que passar do nível superficial e se aprofundar, encontrará a fonte das emoções verdadeiras.

Conexão emocional é como você vai converter observadores em compradores. É como converter compradores em fãs. E como converter fãs em clientes cativos!

Então este é o segredo do que realmente convence as pessoas. Não é o que *você* está pensando... é o que *elas* estão sentindo.

RESUMO

- As pessoas compram na emoção e justificam pela razão.
- As motivações emocionais primárias para comprar são medo e desejo.
- Você deve se esforçar para fazer uma conexão emocional com seus prospectos e clientes, associando seu produto ou serviço ao máximo de motivos que puder.

SEGREDO #11

POR QUE BOM O SUFICIENTE DEIXA (E MANTÉM) VOCÊ POBRE?

"O inimigo do ótimo é o bom!"

ANÔNIMO

Um dos meus primeiros mentores era um corretor imobiliário bem-sucedido. Algumas pessoas o consideravam pedante. Um dos motivos é que ele não aceitava nada abaixo da excelência. Ele tinha uma placa na porta que dizia "O inimigo do ótimo é o bom!".

Foi algo que me marcou. Quando algo está bom o suficiente, nunca será ótimo. Como isso se aplica ao copywriting de vendas? Quando um material funciona, tendemos a não querer mais mexer nele, ficamos supersticiosos ou medrosos. Sabemos que deu trabalho para chegar ao ponto em que dá dinheiro. O medo é que, se mudarmos o copy, vamos "estragar" e não vai funcionar mais (e talvez não volte a funcionar se voltarmos ao que era antes)!

Digamos, por exemplo, que, a cada real gasto, você ganhe R$ 1,10 ou R$ 1,20 ou R$ 1,52. Então, está bom o suficiente e você não quer mexer nisso. (Ei, você está ganhando 50% de lucro!) Mas essa mentalidade vai mantê-lo pobre. Somente uma vez em 25 anos escrevendo copy eu presenciei uma situação em que a chamada e o copy originais jamais poderiam ser superados.

Geralmente, você encontra uma maneira de melhorá-lo usando um processo simples chamado de testagem A-B. O teste A-B pega alguma coisa que está funcionando e a testa contra algo que você torce para que funcione melhor.

É assim: há duas versões do copy, A e B. Você roda o teste por um tempo (preferencialmente associado a um resultado mensurável, como total de vendas, cliques, inscrições etc.). Então, se a versão B performar melhor que a A, a B se torna a A. Agora, você tem uma campeã que testará contra uma versão nova. A campeã passará a se chamar "Controle".

Portanto, o teste A-B tenta constantemente melhorar seu melhor copy para converter melhor.

Volte ao exemplo do Segredo #6, no qual alterei a chamada e minhas vendas aumentaram de zero para cinco em dois minutos (aumento de 500%). Outro exemplo eu contei na Introdução, sobre como mudar um website de vinte páginas para um de apenas uma página aumentou as vendas em 250%.

E se eu não tivesse feito essas alterações? Você estaria lendo isto agora? Óbvio que não! Eu ainda estaria morando no trailer e entregando jornal. Se eu não tivesse feito essas mudanças, nunca teria ganhado o dinheiro que ganhei. Minha vida seria totalmente diferente agora.

Então é *essencial*, depois que você começar a trabalhar em algo, testar e fazer um copy melhor. Pequenas mudanças incrementais podem gerar lucro massivo.

EXEMPLO COM PRODUTO DE 100 REAIS

Imagine que você esteja oferecendo um produto de R$ 100, com uma taxa de conversão de 1% na carta de vendas.

Isso significa que você ganha R$ 100 para cada 100 visitantes do site. (100 visitantes χ 1% de conversão = 1 venda de R$ 100).

Digamos que custe R$ 90 para conseguir 100 visitantes, que resultarão em uma venda (vou considerar que o produto seja um e-book ou algo que não tenha custos de entrega).

Isso significa que você gasta R$ 90 em tráfego. Você vendeu R$ 100. O seu lucro bruto é de R$ 10.

Agora, à testagem.

Você testa sua chamada e aumenta a conversão de 1% para 1,2%. Esse parco aumento de 0,2% na conversão não é de nada, certo? Pelo contrário, para cada 100 visitantes, você ganha R$ 120, mas ainda está gastando os mesmos R$ 90 (seu gasto não aumentou).

Você triplicou seu lucro! Como? Em vez de ganhar R$ 10 de lucro, está conseguindo R$ 30. Mesmo tráfego. Mesmos gastos com anúncio. Com esse teste simples de chamada, você triplicou a lucratividade.

E se você testar alguns bullets e aumentar apenas 0,1%?

E se testar a oferta em si e aumentar em 0,15%?

E se testar colocar uma imagem no topo da página e a conversão aumentar em 0,25%?

Agora você está convertendo em uma taxa de 1,7%. Nada mudou nos custos, mas você aumentou seu lucro em 700% (R$ 70 de lucro, contra R$ 10 de lucro)! Ei, você está ganhando R$ 170 a cada 100 visitantes em vez daquela porcaria de R$ 100 com que você estava tão feliz antes da testagem.

O processo pode ser repetido múltiplas vezes até você entender o que precisa ser feito e tomar coragem para fazê-lo. O engraçado é que nem precisa de coragem. Por quê? Porque, se tentar uma chamada nova e não funcionar, não a use mais. Você não será um perdedor se não funcionar tão bem quanto a primeira versão. Volte à campeã original e busque um novo competidor!

O livro do meu amigo Russell Brunson, *108 Split Test Winners* [108 vencedores de teste A-B] detalha mais de cem testes que a empresa dele fez para explodir os lucros, aumentar as vendas e gerar uma avalanche de inscrições.

Aliás, todos esses testes costumavam ser supercomplicados e técnicos, por isso poucas pessoas os faziam, mas agora, com as ferramentas incríveis disponíveis na internet, é fácil implementar testagem A-B. Há plugins, softwares e serviços que tornam a testagem mais barata. Hoje em dia, é fácil montar, e você precisa fazer a testagem com tudo, incluindo:

- Chamadas
- Ofertas
- Preços
- Bônus
- Assuntos de e-mail
- Chamados à ação
- Texto para o botão de pedido
- Cores

Você pode testar tudo isso e mais. No entanto, entenda uma coisa:

NUNCA TESTE MAIS DE UMA VARIÁVEL AO MESMO TEMPO

Se for testar uma chamada, teste uma contra a outra, mas todo o resto permanece igual.

Se for testar o botão de pedido, então é só isso, o resto fica igual.

Se começar a testar mais de uma variável, os resultados serão inválidos.

Use uma ferramenta de automação do processo. Não importa o que você esteja usando no seu website, confira se há alguma ferramenta automática de teste A-B. Se não houver, *encontre* uma. Busque no Google "ferramentas de testagem A-B" e você encontrará um monte de opções.

O QUE LEVAR DESTE SEGREDO: COMECE A TESTAR

Comece! Teste uma coisa de cada vez. Não aceite os resultados atuais como bons o suficiente. Pense. A maior parte do mercado de varejo está operando com uma margem de lucro de 10%. Imagine só! Fazendo um teste simples no seu site, nos flyers, nos anúncios, você aumentará suas conversões em pequenas porcentagens que explodirão seus lucros. O que isso poderia significar para seu negócio e sua família? Para muitas empresas com pequenas margens, muda a vida!

Muito lucro oculto está bem aí, à sua espera; basta testar umas coisinhas. Não dá para deixar de fazer!

RESUMO

- Se não estiver testando, comece agora.
- Nunca teste mais de uma variável por vez.
- Teste ações como compras, cliques e inscrições.
- Automatize as testagens. Se for possível deixar o processo automático, não faça na mão.

SEGREDO #12

NÃO REINVENTE A RODA: COPY INCRÍVEL DEIXA PISTAS

"Seu trabalho não é escrever copy: é conhecer os visitantes, os consumidores e os prospectos tão bem que você entenda a situação atual deles, onde eles gostariam de estar, e saiba exatamente como sua solução pode e vai levá-los ao seu eu ideal."

JOANNA WIEBE

Você precisa fazer a pesquisa certa antes de começar a criar seu copy de vendas. Por quê? Para ficar imerso na mentalidade das pessoas nas quais está mirando com sua mensagem de vendas. Pois bem: Que tipo de pesquisa você precisa fazer? O que você precisa saber?

O QUE ELES QUEREM MAIS DO QUE TUDO?

Quais são seus maiores desejos? Quais são seus medos? O que os assusta? Quais são as objeções que eles têm para comprar o que você está tentando vender?

Você precisa descobrir as seguintes informações:

- O que eles querem?
- Quais são seus medos?
- Quais são as objeções que eles têm para comprar as coisas que você está tentando vender?

Se você fizer isso, terá uma vantagem enorme sobre outras pessoas que também estão criando mensagens de vendas.

Olhe para as mensagens que seus consumidores veem no mercado. Olhe para os livros mais vendidos na Amazon que miram no seu público. Leia o copy da quarta capa. Leia os títulos dos capítulos. Veja as mensagens de vendas usadas para levar essas pessoas a comprarem.

Esse processo é chamado de hacking de funil. Olhe para o que já funciona numa oferta, num copy de vendas e nos produtos, então aplique no que estiver fazendo com seus produtos e serviços. Não é roubo, é modelar a abordagem e formato de vendas.

ONDE PESQUISAR?

A Amazon é minha fonte número um de pesquisa. Não só posso ver o que as pessoas estão comprando, já que a Amazon tem listas de mais vendidos em todas as categorias, como também posso ler comentários e feedbacks (ou a falta destes) de cada produto. Leio as resenhas cinco estrelas para ver o que anima as pessoas, mas, principalmente, leio as resenhas de uma estrela para ver o que causou irritação e não repetir os erros nas minhas ofertas.

No entanto, a pepita de ouro está nas resenhas de duas a quatro estrelas. Por quê? Porque essas pessoas gostaram de algumas coisas, mas não de outras. São os insights mais úteis porque, francamente, as respostas de cinco estrelas são de fãs e as de uma estrela são dos sabe-tudo que odeiam a vida. As outras explicam: "Ei, o produto fez tal coisa, que foi bom, mas não fez isso, e eu não gostei."

Use as palavras dos clientes para ajudar a escrever seu copy de vendas.

Digamos que você esteja vendendo um produto que ensina a falar espanhol. Você nota que as pessoas estão reclamando de um produto popular que não ensina o espanhol do dia a dia. Em vez disso, parece que estão aprendendo teoria em sala de aula.

Como usar esse feedback:

1. Pegue dicas sobre o que incluir no seu produto.
2. Enfatize como seu produto usa espanhol do dia a dia.
3. Use esse ângulo na chamada: "Como aprender a conversar em espanhol em apenas duas semanas!"

Essas são as ideias que você encontra quando faz a pesquisa. Mergulhe nas mensagens de venda que os consumidores em potencial estão vendo e como reagem a elas.

O Google também é outra fonte incrível. Se quer resolver um problema, entre no Google e veja o que aparece. Leia as postagens em blogs, olhe os anúncios, olhe as palavras-chave e os produtos relacionados. Procure ideias que as pessoas compartilham em blogs e artigos. Olhe as perguntas feitas. Pode levar algumas horas ou alguns dias para fazer esse mergulho. Pode levar uma semana, dependendo da sua agenda e de quão bem você conheça seu público, mas serão as horas, os dias ou as semanas mais valiosos da sua campanha. Essa pesquisa é a maneira de ver as palavras usadas pelas pessoas e conectar-se com elas no seu copy de vendas.

As consequências de agir diferente serão severas. Francamente, se não usar as mesmas palavras do seu nicho, seu cliente não vai se identificar com o seu copy e não vai comprar. Sua mensagem de venda não cairá no gosto do seu público-alvo. Os prospectos não prestarão atenção às chamadas. Ou, se prestarem, seu copy não funcionará e seus anúncios serão ruins e ineficientes.

A pesquisa imersiva ajuda a fingir que você é um dos prospectos com os mesmos problemas e desejos. Veja o que está disponível por aí. Olhe as mensagens de vendas e o feedback, especialmente de produtos e serviços populares com seu público-alvo.

A pesquisa imersiva fornece um caminho direto para tirar vantagem de onde seus competidores estão se dando bem e de onde estão fracassando. Posiciona automaticamente sua oferta como uma solução única e melhor pelo mero artifício de você compreender o mercado por meio de pesquisa.

Feedback de um dos meus produtos foi a martelada final do prego dessa ideia na minha cabeça. Por quase dois anos, meu DVD educativo sobre PowerPoint era o mais vendido na Amazon. Vendemos milhares deles. Enquanto eu olhava o feedback, percebi que algumas pessoas achavam que o DVD era propaganda de um software chamado Snagit®. Eu pensei: *Que raio de conversa é essa? Eu demonstro como criar uma apresentação de PowerPoint com slides diferentes e uso o Snagit® como exemplo de tema para a apresentação. Não tô nem aí se você compra o Snagit®. Eu nem conto onde comprar!*

Mas isso mostra que as pessoas não prestam atenção! (Que surpresa.) Compram o DVD, assistem a ele, mas não prestam atenção nos slides que fiz usando o Snagit® como exemplo. Pularam e assistiram à parte do treino em que mostrei a apresentação final, que, por acaso, é uma apresentação excelente sobre o Snagit®! Mas se tivessem assistido a todo o vídeo instrutivo, veriam que eu montei a apresentação na frente delas.

A confusão nunca tinha me ocorrido, mas mudei um pouco do palavreado e parte do copy de vendas, e isso esclareceu. É um ótimo exemplo de por que é importante olhar o feedback dos seus concorrentes. No entanto, você também olha o seu feedback para melhorar seu próprio copy de vendas.

Meu concorrente poderia ter explorado a questão em seu benefício dizendo algo na linha de: "E, diferentemente de outros treinamentos, não tentamos vender nada extra. Incluímos tudo o que você precisa para fazer apresentações incríveis no PowerPoint, sem propagandas de nenhum outro software." Embora fosse besteira e eu não estivesse fazendo nada disso, um concorrente poderia ter me detonado se estivesse prestando atenção.

Outro lugar para pesquisar é nas suas perguntas frequentes ou nos e-mails de suporte. São uma mina de ouro. Ninguém quer ler feedback negativo ou objeções, mas, se for te deixar bem mais rico, isso já é motivação suficiente.

Quando você se senta para escrever seu copy, a pesquisa precisa fazer parte do seu processo de planejamento. Diga: "Ei, preciso escrever uma carta de vendas, um cartão-postal, um e-mail... Vou designar algumas horas para fazer uma pesquisa. Se estiver vendendo livros, vou pesquisar livros populares. Preciso escrever a carta de vendas para o meu software, então vou pesquisar softwares." Inclua a pesquisa no processo de copywriting. Em vez de abrir o editor de texto e encarar uma tela em branco com o cursor do mouse piscando, pensando no que escrever, pesquise! Coloque seu mindset no ritmo e o resultado vem em forma de um copy incrível.

Como eu disse, escrever copy é um jogo de impulso. Você precisa aquecer seus motores de copywriting antes de escrever. Dê o pontapé inicial lendo o texto dos outros e o feedback dos consumidores nas compras re-lacionadas. Essa prática vai colocar você no mindset de copy e facilitar o início da escrita.

Meus melhores conselhos a respeito de pesquisa antes de escrever são:

1. Simplesmente faça. Pegue as palavras, os sentimentos e as ideias diretamente do copy de vendas que engaja as pessoas.
2. Entenda as reações das pessoas. Amazon e outros sites permitem a você analisar as resenhas: uma mina de ouro.

Passe algumas horas pesquisando produtos semelhantes para en-trar no espírito da coisa. O resultado é copy melhor, escrito com *muito* mais rapidez.

RESUMO

- Nunca escreva copy sem pesquisa.
- A pesquisa fornece as palavras e os dados para escrever copy melhor.
- Só um bobo se senta para escrever copy sem se aquecer primeiro.

SEGREDO #13

O FOCO É NELES, NÃO EM VOCÊ

"Simplicidade é a sofisticação definitiva."
LEONARDO DA VINCI

*"Simplifique. Torne memorável. Faça com que seja
interessante de olhar. E divertido de ler."*
LEO BURNETT

Quando conversa com seu público, a tendência é querer mostrar o quanto *você* é inteligente, usar jargão da indústria e palavras sofisticadas. Você quer que os outros saibam que você sabe do que está falando. Essa tendência acontece não importa o que você esteja vendendo.

Se estiver vendendo a furadeira, comece a falar de voltagem e torque.

Se estiver vendendo um programa de coaching, fale dos seus 25 anos de experiência e como sabe de todas essas coisas legais.

Se estiver vendendo softwares, fale dos gigabytes e use palavras com pronúncia difícil.

No entanto, você prova de verdade que é inteligente comunicando-se de uma maneira que o cliente entenda! Quando ele consegue acompanhar você sem dificuldade, sem confusão ou mesmo sem muita atenção, você está provando que é esperto. O jeito de fazer isso é colocar o foco neles.

Para colocar o foco neles, você não pode fazer gracinha, usar sarcasmo, piadas que só você entende ou usar qualquer coisa que possa ser mal-interpretada.

Evite tentar provar sua inteligência com palavras difíceis, jargões ou acrônimos inexplicáveis. Isso só confunde e afasta as pessoas.

Uma coisa que aprendi em vendas é que uma mente confusa sempre diz "não!". Uma pessoa confusa nunca concorda em comprar. Talvez uma em mil, mas não se ganha dinheiro com uma em mil.

Quando você está fazendo uma venda que envolva muita emoção para uma pessoa assustada, preocupada demais consigo mesma, que acredita que vão lhe passar a perna, ou com medo de cometer um erro, é essencial que sua comunicação seja clara e cristalina. Tenha muita consciência do que vai falar.

Trabalhando com hipotecas, aprendemos a falar de coisas financeiras complicadas de uma forma que fizesse sentido para quem não queria entender o que precisávamos divulgar. Por exemplo, uma coisa que precisávamos revelar era a probabilidade alta de que o gestor do empréstimo transferisse a administração do produto para outra entidade, mas que o principal ainda seria devido, e os juros não mudariam.

Peguei duas páginas de informações complicadas e expliquei: "A empresa para a qual você faz o pagamento da hipoteca provavelmente vai mudar. A única mudança para você é o destinatário do cheque mensal." Foi tão eficiente em diminuir a ansiedade das pessoas que o vice-presidente da empresa me mandou treinar os outros agentes.

Foi quando aprendi realmente a usar palavras para meu público-alvo entender e poder tomar uma boa decisão. As consequências de não fazer isso é as pessoas se sentirem burras.

- Se você faz alguém se sentir burro, ele não vai comprar de você.
- Se você faz alguém sentir que está sendo "zoado" ou subestimado, ele não vai comprar de você.
- Se alguém considera você inteligente demais e impossível de compreender, ele não vai comprar de você.
- Se você ficar fazendo rodeios e confundir o prospecto, ele não vai comprar de você.

Então, use palavras que os clientes entendam.

- Fale com termos simples que eles compreendam.
- Use frases curtas.
- Mantenha os pensamentos organizados e em sequência.

Se você for capaz de fazer isso, o serviço será melhor e você ajudará as pessoas rumo ao resultado que você está tentando vender.

NÃO USE PALAVRAS DIFÍCEIS

Sempre que escrevo algo com o potencial de ficar confuso, minha estratégia secreta é pedir para a minha esposa ler, pois ela conhece vários tipos de público. Ela trabalhou como atendente do serviço de emergência por sete anos e depois como recepcionista do departamento de polícia por mais cinco. Ela já viu de tudo e é uma estudante da humanidade. A boa notícia é que ela não tem diploma superior. Quando algum software não funciona, ela só me grita para consertar.

Essas qualidades fazem dela a pessoa perfeita para eu entregar um copy e perguntar: "Ei, você pode ler e me mostrar onde não está claro? Onde não faz sentido?". Ela é excelente nisso. Já usei minha mãe para o mesmo propósito.

Encontre alguém que não tenha o seu conhecimento da área e peça que leia seu copy. Veja se a pessoa entende. Se sim, você está no caminho certo. E não, eles não precisam ser membros do seu público-alvo para serem interlocutores do seu copy. Na verdade, ajuda se não forem.

Também já ouvi por aí a dica de entregar seu copy para um monte de gente e se falarem "Ah, tá bem legal" significa que está péssimo. Por que esses experts dão essa dica? Porque eles querem que todo mundo que leia diga: "Caramba, que demais; onde posso comprar?" Se a pessoa só vem e diz "tá bem legal", você ainda precisa trabalhar no copy.

Bem, é claro que minha esposa não vai comprar nada do que estou vendendo, ela não é a prova dos nove, mas você entendeu. Ah, e a não ser que a pessoa faça parte do seu público-alvo, ela nunca vai perguntar onde comprar. Então, essa dica tem seus limitantes.

Em resumo, é isto: escreva ou crie seu copy de vendas para que converse diretamente com seu prospecto ideal.

Escreva para uma pessoa única; não escreva para um grupo. Escreva para alguém que você conheça e que represente a pessoa perfeita do seu público-alvo (lembre-se do Fred do Segredo #8). Esse truque funciona muito bem quando você estiver emperrado.

História real: meu amigo George representa meu público-alvo. Se estou sem ideias para uma carta de vendas, um vídeo ou qualquer tipo de copy, eu digo, "Ei, George, preciso te contar uma coisa."

Escrever para o George funciona bem para teasers por e-mail, porque eu tenho uma tendência a detalhar demais nos e-mails e deixá-los com cinquenta páginas quando deveriam ter cinco linhas. Ao me pegar fazendo isso, jogo tudo fora e começo a digitar algo para meu amigo, George.

> *Assunto: Software bacana que descobri*
> *Ei, George,*
> *Acabei de descobrir um software legal.*
> *Sei que você tem muito interesse em _____ e este é bem bacana.*
> *Você deveria dar uma olhada, porque ele faz isto, isto e isto.*
> *Segue o link: LINK*
> *Até breve.*
> *Abraço,*
> *Jim*

E-mails que você compõe para uma pessoa específica vão melhor do que o resto em 99% das vezes.

Sempre se lembre de que milhões podem ler sua mensagem de vendas, mas você vende para uma pessoa de cada vez.

Fale como elas.

Use palavras que elas entendam.

Nunca as faça se sentirem burras!

RESUMO

- Uma mente confusa sempre diz "não" em uma situação de vendas.
- Mantenha suas mensagens simples e diretas.
- Não use palavras difíceis e não faça com que as pessoas se sintam burras.
- Não importa o quanto você seja inteligente, o que importa é como pode ajudar o seu cliente.

SEGREDO #14

E SE VOCÊ AINDA NÃO TIVER NENHUMA RECOMENDAÇÃO?

"Todo mundo afirma que o próprio produto é o melhor do mundo ou o mais barato, e nós não acreditamos mais."

ROBERT COLLIER

"Faça o que você pode, com o que tem, onde estiver."

THEODORE ROOSEVELT

Então, você está aqui. Ralou para escrever o livro, criar o software, projetar seu serviço ou abrir seu negócio de coaching, mas ainda não tem nenhuma recomendação.

Algumas pessoas enxergam isso como uma falha que não podem superar. Preocupam-se porque veem outras usando recomendações, feedbacks, endossos e resenhas em todo copy, mas elas mesmas não têm nenhum.

Sim, recomendações podem ajudar a dar um empurrãozinho e melhorar a efetividade das suas mensagens de vendas, mas, quando se fala de copy e do processo de vendas, a questão aqui é a **prova**. Quando a maioria lê seu copy, em algum momento, pensa: "Ok, legal, mas por que vou acreditar? Vai funcionar para mim? Funcionou para outras pessoas? Eu preciso mesmo disso?"

Falta de provas é o motivo real que faz você pensar que precisa de recomendações e o deixa louco se não tiver.

As recomendações costumam aparecer depois das alegações e das ofertas. Então, você os atraiu com a chamada. Atiçou a curiosidade com os bullets fabulosos. Deu a informação, agora é a hora da decisão da compra.

É aí que muitos dizem: "É, tá bom, legal, mas já ouvi isso antes. Por que vou acreditar em você?"

Você precisa provar que está falando algo importante e que vai funcionar. Há muitos elementos de prova que podem ser usados além de testemunho a respeito de um produto específico.

Em um mundo ideal, você teria um testemunho voltado para resultados, fornecido por alguém que usou o produto, serviço ou software que você esteja oferecendo. A pessoa alcançou resultados ótimos e está disposta a falar: "Eu usei. Consegui o resultado x, y, z. Foi incrível e mudou minha vida e a prova está aqui."

Recomendações voltadas para resultados são as que você deseja, mas cuidado, especialmente nas áreas de saúde, finanças, bancos, investimentos etc.; há exigências específicas para esse tipo de depoimento. Há avisos que você precisa fornecer (você pode dar uma pesquisada neles), mas as autoridades estão especialmente preocupadas com alegações apresentadas quando as áreas são saúde e finanças. Ou seja, tenha cuidado e nunca invente uma recomendação de resultados alcançados.

O outro tipo diz respeito a você e sua empresa. Essas são fáceis. Peça às pessoas com quem fez negócios ou que conhecem você para providenciarem um testemunho. Pergunte o que elas diriam a um amigo a seu respeito e se você pode citar a resposta no seu site. Simples assim.

O outro tipo é a recomendação feita por uma celebridade, que pode ser alguém notável no nicho.

Por exemplo, em 2001, quando publiquei o e-book que me colocou nos negócios on-line, recebi o apoio de um cavalheiro chamado Jay Conrad Levinson, que escreveu os livros sobre Marketing de Guerrilha. Mandei uma cópia do livro para ele, perguntei se ele poderia falar um pouco a respeito e ele me apoiou. Foi incrível! Aliás, não há nada a perder em perguntar a pessoas que você não conhece se podem resenhar seu produto. Envie para pessoas conhecidas do público-alvo e veja se querem recomendar. A maioria vai recusar, mas um ou dois "sim" mudam sua vida!

Além de indicações de celebridades, outra coisa que você pode usar a seu favor é estatística. Há estudos sobre tudo. Procure o assunto no Google, mais "estatísticas" ou "estudo".

Um exemplo: queremos provas que apoiem a mensagem de vendas do livro *Selling Your Home Alone* [Vendendo sua casa sem corretor]. Entre no Google e pesquise "venda direto com o proprietário estatísticas". De acordo com a Associação Nacional de Corretores, nos Estados Unidos, nove em cada dez vendas direto com o proprietário não dão certo e, dentro de trinta dias, as propriedades já estão à venda por meio de uma imobiliária. Você pode usar essa estatística de forma reversa: "A verdade é que de acordo com as estatísticas, nove em cada dez vendas direto com o proprietário não dão certo. Não faça parte dessa maioria: você precisa deste livro!"

Use as estatísticas a seu favor, de forma a apoiar suas afirmações.

Você também pode se beneficiar do uso de citações. Encontre citações que se apliquem ao produto que você está tentando vender. Use-as nos locais apropriados para incutir confiança e reforçar que essa compra é uma boa ideia.

Então, se ainda não tem testemunhos, agora tem várias opções para conseguir provas.

Uma historinha rápida.

Uma das coisas que fiz para conseguir testemunhos para o livro *Selling Your Home Alone* era dar cópias gratuitas para quem estivesse tentando vender a casa sozinho. Entregava e dizia: "Acho que meu livro pode ajudar. Se ajudar, você poderia fazer uma recomendação? E, por favor, se tiver alguma dúvida, me procure."

Só falava isso. Resultados? Recebi muitas recomendações simplesmente por dar uma cópia e pedir.

Como colocar esse segredo em ação? Não deixe a falta de recomendações impedir você de nada. Se não tiver os testemunhos de resultados, trabalhe essas outras opções. Encontre um ou mais argumentos que ajudarão com a prova.

A forma mais rápida de conseguir recomendações é dar o produto de graça e pedir um testemunho, seja sobre o produto, sobre você, seja sobre o assunto em geral.

Não se intimide com a falta de recomendações. As pessoas se estressam e falam bobagens como: "Não tenho nada disso, não vou conseguir vender." Mentira. Recomendações ajudam? Em geral, sim! Mas não dá para vender mais antes de vender um pouco. E não dá para vender um pouco se não colocar a coisa à venda em primeiro lugar!

> ## RESUMO
>
> - Não se intimide pela falta de recomendações.
> - Você precisa de provas para facilitar a decisão de compra do cliente.
> - Há vários tipos de provas, incluindo apoio de celebridades, estatísticas e citações.
> - Distribua gratuitamente o produto em troca de um testemunho genuíno.

SEGREDO #15

TRÊS FÓRMULAS DE VENDA QUE NÃO FALHAM NUNCA

"Se não vender, o problema não é o produto, é você."
ESTÉE LAUDER

essencial entender o Segredo #8, seu *Fred*, seu avatar.

- Quais são os problemas dele?
- Quais são suas perguntas?
- E os obstáculos?
- Quais resultados ele quer?

Porque, se não entender o Fred, você não poderá usar essas fórmulas. Portanto, pesquise. Faça uma ou duas horas de pesquisa, compreenda o Fred, depois siga essas três fórmulas: é algo para fazer pelo resto da vida.

Essas fórmulas funcionam em uma carta de vendas de vinte minutos, um comercial de um minuto ou uma apresentação de dez minutos. Funcionam em qualquer lugar.

ENTENDENDO COMO ESTRUTURAR UMA MENSAGEM DE VENDAS

Fórmula #1: Defina/Agite/Resolva

Essa fórmula é a minha favorita, porque você pode usá-la para qualquer coisa. Você constrói sua mensagem de vendas em três partes:

a. *Defina* o problema que o cliente enfrenta.
b. *Agite*, piore, machuque.
c. *Resolva* com seu produto e serviço.

A chave é piorar. Piore MUITO! Agitar é a mágica dessa fórmula, que funciona para uma carta de vinte páginas ou uma página de e-mail. Funciona em qualquer lugar. Mostre que conhece o problema, mas não deixe quieto.

Vamos usar agressividade canina como exemplo.

Defina o problema. "Aqui está o problema. Se o cachorro late ou parece que vai morder alguém, isso é algo que você precisa resolver logo."

Agite. "Se não resolver, podem te processar. O cachorro pode mutilar uma criança. Você pode carregar a culpa, bem como o encargo financeiro, pelo resto da vida por causa de um único ataque. Então, não importa se seu cachorro é fofinho e bonzinho, se você não o treinar corretamente, ele pode mutilar suas finanças." Lembre-se: agitar é o tempero secreto dessa fórmula.

Apresente a solução. Você pode dizer: "Felizmente, há uma solução. *O guia de treinamento para filhotes e cães adultos, completo de A a Z* ajuda não somente com a agressividade, mas também a ensinar seu animal a fazer as necessidades no local correto, aprender truques e socializar para que seu cãozinho seja um membro feliz e saudável da família."

Boom. Seja por vídeo, landing page a partir do e-mail, postagem em redes sociais ou live no Facebook não importa. Esta é a fórmula: Defina/Agite/Resolva.

Vamos olhar outro exemplo: reforma de imóvel para venda.

Defina o problema. "Você quer investir em imóveis para reforma, mas todo mundo está fazendo a mesma coisa."

Agite. "Para piorar, toda vez que tem um seminário sobre o assunto, entra um monte de gente no mercado, no qual você está lutando todos os dias. Ou seja, não só fica mais difícil conseguir achar um bom negócio, como os negócios não estão mais tão bons, porque os novatos estão dispostos a pagar mais caro pelas propriedades. Aí acaba o lucro antes de fechar o negócio."

Apresente a solução. "Bem, sorte a sua que há uma solução. O *Detetive de bons negócios* vai ajudá-lo a encontrar bons negócios antes de sequer serem anunciados. Você descobrirá como encontrá-los, como financiá-los e como descobri-los antes de todo mundo."

Terceiro exemplo: terapia para casais.

Defina o problema. "Você e seu esposo não conversam mais como antes, e as coisas andam meio esquisitas."

Agite. "Mas o problema de verdade é que, se não se reconectarem agora, as estatísticas apontam uma alta probabilidade de divórcio. Mesmo se não se separarem, vocês vão viver um cotidiano infeliz, não mais como namorados e amigos, mas como colegas de apartamento. O único motivo pelo qual estarão juntos serão as crianças ou a hipoteca."

Apresente a solução. "Bem, sorte a sua que agora existe uma solução. É o *Guia para revitalizar seu casamento*. Ele vai ajudar o casal a se reconectar, manter o canal de comunicação aberto, aprender a dar valor um ao outro e reacender o fogo que os uniu. Vocês se tornarão uma grande equipe que vai enfrentar o mundo unida. Voltem a se sentir como antes do casamento."

Bam! Defina/Agite/Resolva. Dá para usar com tudo e funciona particularmente bem com tráfego frio.

Fórmula #2: Se quiser três vezes mais benefícios, faça isso

Essa é uma mensagem positiva. Use-a quando estiver focando no desejo, não no problema em si. Fale de benefício, benefício, benefício, e depois da ação necessária para alcançá-los.

Vamos ver os exemplos.

Adestramento de cães

Em vez de lidar com agressividade, você quer ensinar truques legais para o cachorro. Seria legal ter um cachorro adestrado que soubesse truques. "Se quer **treinar seu cão**, **ensinar truques legais** para ele ou apenas **se divertir mais com seu bichinho de estimação**, então você precisa conhecer *10 truques para ensinar ao seu cachorro no fim de semana*. Veja por que…"

Investimento imobiliário

"Se você quer **encontrar bons negócios antes de todo mundo** ou **arranjar um fluxo de negócios sem precisar ficar correndo atrás**, então confira o *Paraíso dos investidores imobiliários*. Veja por que..."

Terapia para casais

"Se você quer **reacender o fogo no seu esposo, conectar-se com o sentimento do começo do casamento** ou apenas **se reconectar com seu melhor amigo**, confira *Segredos da revitalização do casamento*. Veja por que..."

Essa segunda fórmula é simples assim e geralmente funciona com tráfego morno e quente.

Fórmula #3: Antes/Depois/Ponte

Essa fórmula usa Programação Neurolinguística (PNL): o estudo de como a linguagem leva à ação.

a. Comece com o antes. Fale de como as coisas estão agora. Geralmente, há um problema, uma pergunta, um obstáculo ou algo que deixa as pessoas infelizes.

b. Introduza o depois. Peça para imaginar como a vida será. Na PNL, isso se chama *ponte ao futuro*. "Imagine sua vida, circunstâncias, negócios, casamento ou o que quer que seja sem o lado negativo." Quando você pintar o quadro no qual o cliente resolveu o problema, respondeu à pergunta ou removeu o obstáculo, ele passou de triste para feliz. Agora é hora de mostrar que seu produto é a ponte para essa sensação feliz.

c. Ponte. "Aqui está o caminho para chegar lá. O produto. O serviço. O método. Aqui está a ponte sobre o abismo daqui até lá."

Vamos observar como fica nos nossos exemplos.

Adestramento de cães

Comece com o antes. "Seu cachorro não te ouve. Você está preocupado que ele possa fugir ou até ser atropelado. Possa entrar em uma briga com outro cachorro ou morder o filho do vizinho, e você vai se deparar com problemas legais."

Introduza o depois. "Agora, imagine o cachorro te obedecendo. Não por medo, mas porque te ama. Ele anda ao seu lado sem coleira. Faz um monte de truques legais e vocês se divertem juntos. Você não se preocupa com agressividade ou comportamento negativo perto de outras pessoas. Vocês são felizes demais juntos e têm um relacionamento incrível."

Ponte. "Conheça *Segredos de adestramento canino* e consiga (esse benefício), (esse benefício) e (esse benefício). Aqui está como…"

Investimento imobiliário

Comece com o antes. Digamos que seu avatar tem uma pergunta sobre como encontrar bons negócios. "Você está aqui agora. Não consegue achar negócios bons como os outros. Olha os classificados todos os dias. Procura na internet. Anda pelas ruas em busca da placa de 'vende-se com o proprietário', mas o problema é que todo mundo está fazendo a mesma coisa."

Introduza o depois. "Agora, imagine como seria sua vida de investimento imobiliário se as pessoas qualificadas te ligassem querendo fechar negócio. Fontes ilimitadas de recursos para fechar o negócio que você quiser. Você poderá escolher o seu negócio à vontade, terceirizar o resto e conseguir a taxa de comissão em todas as transações."

Ponte. "Vou te mostrar como fazer isso. Com *O paraíso dos investidores imobiliários*, você conseguirá (este benefício), (este benefício) e (este benefício). Entenda como…"

Terapia para casais

Comece com o antes. "As coisas devem estar assim na sua casa: nem muito boas nem muito ruins. É o que é. Você e seu esposo se encontram no corredor, conversam, se abraçam, às vezes fazem amor. Mas, no geral, não é mais como antes, e você está se questionando por que ainda estão juntos."

Introduza o depois. "Agora imagine: Como seria sua vida se, todas as vezes que visse seu marido, sentisse a mesma coisa de quando se conheceram? De quando ele te paquerava? De quando saíam juntos? E quando ficavam juntos, você se sentia melhor do que nunca. Mal podia esperar para ver o esposo todos os dias depois do trabalho. Mal podia esperar para vê-lo no fim de semana e fazerem coisas juntos."

Ponte. "Bem, isso não precisa ser uma fantasia. Pode ser a sua realidade. Veja como chegar lá." Então você conta como alcançar esse objetivo com seu produto, serviço etc. A ponte que vai levar o cliente até lá.

Essa fórmula funciona para todas as temperaturas de tráfego!

Essas são as três fórmulas. Onde você pode usá-las? Em qualquer lugar e para qualquer propósito no qual queira vender. Use em tuítes. Use no blog. Use nas redes sociais ou em teasers. Essas fórmulas funcionam sempre que você quiser iniciar um processo de vendas.

RESUMO

- Essas três fórmulas de vendas simplesmente funcionam!
- Elas levam as pessoas por um processo mental que as predispõe para a compra.
- Teste cada uma para descobrir qual funciona melhor com seu público-alvo.

SEGREDO #16

É TUDO SORVETE, MAS QUAL SABOR DEVO ESCOLHER?

"Você terá tudo na vida se ajudar o número suficiente de pessoas a terem o que elas querem."

ZIG ZIGLAR

No quesito cartas de vendas, você pode perguntar: "O que devo usar? Vídeo, uma carta comprida ou curta? O que tem melhor resultado?" Algumas pessoas acham que tamanho é importante.

Para responder, vou dar minha resposta pessoal seguida de minha resposta profissional.

RESPOSTA PESSOAL

Comece com vídeos. Por quê? Para mim, é a maneira mais rápida de lançar uma oferta, quando quero testar uma ideia, contar uma novidade ou lançar um funil novo. Sempre que vou para o mercado, uma carta em formato de vídeo é a maneira mais rápida para mim.

Veja como estruturo a página.

- Começo pela chamada. Parece óbvio, né? Mas, como discutimos no Segredo #6, a chamada é o ponto mais importante do copy.
- Insiro o vídeo.
- Acrescento um botão de compra, logo abaixo do vídeo.

Em alguns casos, paro por aqui. Em outros, complemento com o seguinte:

- Acrescento uns cinco bullets para atiçar a curiosidade abaixo do botão de compra.
- Dou a garantia.
- Resumo o que o cliente vai receber.
- Insiro outro botão de compra.
- Apresento o copy de encerramento.
- P.S.: reafirmo os benefícios principais descritos no vídeo.

Para algumas pessoas, é motivo de estresse quando deixamos o vídeo rodar no automático. Na verdade, cada vez mais pessoas se rebelam contra isso, e o navegador Chrome do Google praticamente proibiu iniciar um vídeo com o som ligado.

Então, geralmente, temos um botão de compra logo abaixo do vídeo, seguido de uns quatro bullets sobre o produto, o software ou o serviço. Às vezes, invertemos a ordem desses dois, primeiro o vídeo, depois os bullets, depois o botão, mas, em geral, meu botão de compra vai logo abaixo do vídeo.

Temos a garantia e o resumo. Então, literalmente no resumo listamos o que o cliente vai receber: x, y, z (em lista de bullets). E mais um botão de compra. Por fim, o fechamento e talvez um P.S. O P.S. basicamente repete os benefícios principais descritos no vídeo em si.

Esse é o padrão que uso para qualquer coisa que custe menos de 200 pilas. Por que esse padrão?

1. É rápido. Uma carta em vídeo é um projeto de um dia se tivermos as ferramentas corretas e já soubermos como editar.
2. É fácil de digerir. Você leva tráfego, vê como o público reage e observa os resultados em vendas, inscrições, cliques ou qual for seu objetivo.

Isso significa que cartas de vendas longas morreram? De jeito nenhum. Não acredite em quem divulga a morte das cartas longas. Eu ainda as uso porque são eficientes.

Então para que usar copy longo se começa com vídeos? Usa-se copy longo quando o produto é um item mais caro e as pessoas precisam de mais informação para decidir.

Na minha experiência, ninguém quer assistir a um vídeo de uma hora. Um webinar, sim, mas um vídeo de vendas, não. Então, em certos casos, a informação é fornecida em carta detalhada.

No caso de um produto mais caro, os prospectos precisam de mais informações, principalmente se for uma venda técnica. É necessário fornecer mais dados para que tomem a decisão. Essa preferência não é uma regra irrevogável. Conheço uma pessoa que vende um programa de coaching de 5 mil dólares (cerca de 25 mil reais) usando um vídeo de oito minutos e nenhum processo de matrícula. No final do vídeo, você paga ou não paga.

Geralmente, os dois motivos para se usar copy longo são a venda de um item caro ou a necessidade de mais informações para fechar a venda.

Nesse caso, começamos com a chamada. Fazemos o vídeo também. O botão de compra em seguida. E, embaixo, a carta longa. Só porque você está usando o copy detalhado não significa que não vai usar o vídeo também.

Aliás, sem problemas duplicar as informações. Na verdade, já vi casos em que o vídeo e a carta são idênticos. A carta era basicamente uma transcrição do vídeo. Ou, em outros casos, a carta de vendas longa era basicamente um roteiro para o vídeo.

Por que ter vídeo e carta longa na mesma página? Porque as pessoas ou assistem ou leem. Além disso, digamos que a pessoa esteja no trabalho ou em outra situação na qual não possa ver o vídeo. Ela vai ler. Alguns vão até imprimir para ler off-line. Alguns querem ler, outros querem ver. Alguns farão os dois. Na verdade, alguns vão assistir ao vídeo e depois ler antes de decidir.

Por que usar uma carta de vendas curta? Geralmente, para algo barato. Não precisa fazer um vídeo de trinta minutos ou uma carta de trinta páginas para vender algo de 20 pilas. As pessoas podem levantar suspeitas.

Você também pode usar uma carta de vendas ou um vídeo mais curtos quando algo não precisa de muita explicação, como um produto físico. Simplesmente exiba o produto no vídeo e diga: "Ei, olha. É isso aqui. Faz isso aqui. Esses são os benefícios. Eis o porquê para comprar isso agora."

Usar uma carta curta faz sentido quando o produto é barato e não necessita de muita explicação. Se escrever uma maior, alguém pode dizer: "Esse cara está exagerando. Tem algo estranho rolando."

Resumo: minha primeira opção, em 99,99% dos casos, é um vídeo.

RESPOSTA PROFISSIONAL

Teste o que funciona melhor: uma carta em forma de vídeo, uma carta longa ou uma curta.

Cuidado com os entendidos demais, com essas pessoas que dizem haver apenas um caminho. Ninguém sabe nada ao certo até testar o vídeo *versus* a carta longa *versus* a carta curta. Qual tipo de carta usar para seu público-alvo é uma ciência e uma arte.

A verdade é que, quando vendemos algo, encontramos padrões que funcionam e produzem resultados. Aí há quem suponha que esse é o caminho absoluto.

Um exemplo. Havia um guru da internet que dizia que chamadas em vermelho não funcionavam mais. Na época, acreditava-se que a chamada deveria vir em vermelho, mas ele disse: "Chamadas em vermelho não funcionam mais; faça em azul."

E todo mundo mudou para azul. E o que aconteceu? As taxas de conversão de muitas pessoas caíram. Alguns testaram as duas cores (eu, inclusive) e descobriram que as vermelhas superavam as azuis em muitas mensagens.

Entre milhares, dezenas de milhares e centenas de milhares de visitas a diferença era marcante. Aqueles que não fizeram teste algum dessa teoria, perderam dinheiro porque levaram a sério demais a palavra de uma pessoa.

Aprender padrões e fórmulas é bom, mas a única maneira de saber o que funciona é testando as diversas variantes e ver o que funciona melhor para seu público-alvo, seu tráfego e sua oferta.

Quando você cai em uma rotina porque já fez isso antes e teve resultados bons, cuidado. É aí que o "bom o suficiente" mata seus resultados. Eu mesmo preciso tomar cuidado com isso direto. Quando a gente sempre faz a mesma coisa e não testa, pode deixar de ganhar um bom dinheiro.

Mais um exemplo: up-sells (quando incentivamos o cliente a comprar uma versão mais sofisticada/cara do produto originalmente pretendido) ou ofertas únicas (aquelas feitas depois da venda inicial, como parte do "funil de vendas" para aumentar o lucro total por consumidor). Eu faço sempre. Por quê? Porque, depois de dez anos vendendo o mesmo produto, acrescentei uma oferta única e imediatamente vi um aumento de 30% nos lucros. Quando isso aconteceu, eu queria bater a cabeça na parede. Por quê? Porque fiz o cálculo do quanto poderia ter ganhado se tivesse começado a fazer isso dez anos antes (chega quase a 1 milhão de dólares).

Resumo: teste para ver se o vídeo funciona melhor do que as alternativas. Recomendo que comece com um vídeo no formato mencionado aqui, mas você precisa testar para ver o que realmente funciona para você e seu público-alvo, tendo a certeza de que terá os melhores resultados.

RESUMO

- Na dúvida, comece com um vídeo.
- Teste um vídeo longo e um curto para encontrar a melhor opção.
- Cuidado com quem fala de absolutos nesse assunto. A única maneira de saber qualquer coisa é por meio de testes.
- Cuidado para não cair na armadilha de fazer as coisas de um só jeito, principalmente se teve resultados "bons" no passado.

SEGREDO #17

COMO ESCREVER UMA CARTA DE VENDAS INCRÍVEL – E RÁPIDO

"O único propósito de anunciar é vender. É rentável ou não de acordo com as vendas alcançadas."

CLAUDE HOPKINS

Precisa escrever uma carta de vendas incrível e rápido? Então, conheça as treze partes que integram uma carta de vendas. Gosto de imaginá-las como peças de Lego, empilhadas umas sobre as outras.

Nesse caso, no entanto, a gente começa de cima para baixo. Focando nas treze partes, não há pressão. Basta criar cada parte individualmente.

Dar treze pequenos passos é mais fácil do que um passo gigante. Você pode distribuir as tarefas ao longo do seu tempo disponível, principalmente se o empreendimento de vendas não for seu trabalho principal.

Aqui está o conceito-chave: a função de cada parte é levar o prospecto para a próxima.

Pense na carta de vendas como pedras dispostas para atravessar um rio. Uma pedra leva a outra e assim por diante. Se errar uma, você vai se molhar e não vai chegar ao outro lado, onde está a compra.

Outra maneira de pensar a respeito disso é como um barril de combater incêndios de antigamente. O carro chegava com apenas um barril de água. Então dez a quinze homens passavam um balde de água de um para o outro, em fila. Se um deles saísse da fila, a coisa toda parava e o prédio todo ia ao chão.

Resumo: Pense nessas partes em ordem; cada uma tem sua vez de passar o balde de água adiante.

CHAMADA

A primeira coisa é o pacote de chamada, que pode conter: pré-chamada, chamada e subchamada (ou subtítulo).

Exemplo:

> *Atenção, hackeadores de funil*
> **Como escrever (em menos de 10 minutos) todas as suas cartas de vendas, roteiros e slides de webinar SEM contratar um copywriter caro!**
> *(Funciona até para quem ODEIA escrever e nunca quis saber NADA de copywriting!)*

Apenas lembre-se: O propósito da chamada é atrair a atenção das pessoas certas.

Então, se pensar na carta para valer, vai falar algo nas linhas de "Da mesa de", seu nome e o assunto.

Exemplo:

> *Da mesa do Jim Edwards*
> *Assunto: Saiba como resolver todos os seus problemas de copy com um clique.*

O que você fez no pacote de chamada? Chamou atenção, contou quem escreveu a carta e avisou do assunto em poucas palavras.

Agora, em um vídeo, o que mais importa são as primeiras palavras que saem da sua boca.

Exemplo:

> *Você precisa escrever cartas de vendas incríveis? Oi, meu nome é Jim Edwards. Nos próximos minutos, vou te mostrar como escrever copy ótimo e rápido.*

Sua chamada em um vídeo são essas duas primeiras frases. Ou seja, na primeira parte, você chamou atenção, depois se identificou e, por fim, contou o assunto.

DECLARAÇÃO CHOCANTE

O segundo bloco é uma declaração chocante. A maioria das pessoas opera em um estado hipnótico. Mal presta atenção ao que você está dizendo ou ao que estão vendo ou lendo. A mente está distraída por coisas como "Preciso dar uma olhada no Facebook", "Ei, o que será que está rolando no Twitter?", "O que será que vai ter de janta?"

Todas essas distrações atacam o cérebro do seu cliente. Seu trabalho é chocá-lo, de modo que ele pare e preste atenção. Use uma declaração ou imagem chocante. Não precisa ser nada do tipo "nudes". Isso funciona só para alguns sites! Mas, no caso, uma declaração chocante pode ser algo que vai contra a verdade de alguém ou que expõe algo que eles supunham ser verdade.

Use a frase: "Você sabia?".

Por exemplo:

> *Você sabia que a maioria das pessoas que tenta escrever uma carta de vendas não consegue? É verdade. Alguns até entram em falência e perdem tudo!*

O quê? Outra:

> *Você sabia que o motivo nº 1 para ser recusado no serviço militar não é ter ficha criminal, mas, sim, ser muito gordo?*

E outra:

> *Você sabia que 99% das pessoas que começam a escrever um livro nunca terminam e carregam esse arrependimento como uma corrente no pescoço pelo resto da vida?*

Caramba. Deixa eu prestar atenção.

Agora, uma dica legal: lembra aquela pesquisa que mostrei no Segredo #14, para usar quando você não tiver recomendações? Bem, com frequência, nessa pesquisa, você encontrará informações bacanas para usar nas suas frases "você sabia".

Aqui estão alguns exemplos para o meu livro sobre venda de imóveis direto com o proprietário. (Acabei de pesquisar "estatísticas + venda de imóveis direto com o proprietário" no Google).

Você sabia que nove entre dez vendas de imóveis direto com o proprietário fracassam e vão para uma imobiliária dentro de 30 dias? Sabia que, na média, a venda de um imóvel direto com o proprietário é por um valor de cerca de 59 mil dólares mais barato do que se fosse vendido por um corretor?

Droga!

Essa é a reação que você busca no seu leitor ou ouvinte. Quer que PAREM o que estiverem fazendo e prestem atenção em cada palavra sua.

DEFINA O PROBLEMA

Definir o problema usa a fórmula *Defina, Agite, Resolva*, que discutimos em detalhe no Segredo #15. Há outras fórmulas? Sim. Essa é a mais fácil? Com certeza. Essa é a que vai render mais rápido? Pode apostar.

Quando você define o problema, mostra, sem rodeios, a dor exata que o cliente enfrenta.

Aqui está o problema que você enfrenta.

Você pode usar esse palavreado, só mudando o assunto. Sem rodeios.

Veja um exemplo do nicho de treino físico militar:

Aqui está o problema: como sociedade, tornamo-nos tão sedentários que os jovens não sabem mais entrar em forma e permanecer assim.

Um exemplo para o nicho de autor:

> *Aqui está o seu problema: a maioria das pessoas pensa que escrever um livro é tão difícil e demorado que não se imagina como autor.*

AGITE

Você já contou o problema, mas só isso não basta. Você quer que o cliente sofra, porque, quanto mais sofrer, mais precisará da solução e se disponibilizará a gastar tempo, dinheiro e atenção *para* resolver.

Se deixar no estágio do problema, o cliente vai falar: "Bem, não sou tão gordo" ou "Vou terminar meu livro quando der". E vai se deitar no sofá, ver TV, comer salgadinho e nunca escrever nada.

> *"Eles não compram se não doer!"*
> JIM EDWARDS

É nesse passo que você acrescenta a dor. Você piora com uma frase como "ou seja, você _____".

Note que é o mesmo esquema para incutir emoção no Segredo #9, sobre bullets. No entanto, em vez de evocar um sentimento positivo, você quer abalar o cliente!

Exemplos:

> *Ou seja, você nunca vai ter a chance de servir no exército e apoiar seu país.*

> *Ou seja, você ficará fora de forma pro resto da vida e nunca viverá seu potencial completo.*

> *Ou seja, você nunca vai compartilhar sua mensagem com o mundo e, quando morrer, sua mensagem morre com você.*

Você quer que eles digam: "Caramba, que dor. Isso machuca. Ok, vou prestar atenção. Tá certo. Não quero morrer assim. Salve-me!"

Esse processo *não* precisa demorar páginas a fio. É um soco em uma briga de bar de que eles nem sabiam que estavam participando. Se der um soco na boca de alguém, a pessoa vai prestar atenção em você. Não precisa socar de novo.

APRESENTE A SOLUÇÃO

Agora apresente seu produto ou serviço que traz a solução necessária para esse problema piorado.

Depois de atingi-los na boca e piorar tudo, diga: "Sorte a sua que eu tenho a solução. Vou te apresentar..."

Exemplos:

> *Sorte a sua que agora há uma solução.* Conheça o Guia de sobrevivência ao teste físico do exército, *um livro novinho em folha para ajudar todo mundo a passar no teste de aptidão física.*

> *Sorte a sua que eu tenho a solução.* Este é o E-book em sete dias, *o curso revolucionário que te ajudará a escrever e publicar seu e-book em menos de uma semana, do zero.*

É só isso que você precisa fazer. Apresente a solução com "vou te apresentar".

> *Vou te apresentar meu novo programa de coaching.*

> *Vou te apresentar esse software incrível que escreve seu copy para você.*

> *Vou te apresentar um livro de leitura rapidinha que vai mudar sua vida de investidor imobiliário para sempre.*

Qualquer que seja sua área, vai funcionar.

USE BULLETS PARA ATIÇAR A CURIOSIDADE

O sexto bloco usa bullets para atiçar a curiosidade. (Está vendo como tudo que você vem aprendendo está se unindo aqui?). Depois de introduzir a solução, pegue seus recursos, benefícios e significados, usando-os para gerar curiosidade e desejo pela solução.

De quantos bullets você precisa? Na minha opinião, para a maior parte dos casos, de seis a dez. Ninguém quer ler cem bullets. Precisam ser os seus seis melhores. Estou falando que você nunca vai usar uma lista enorme de bullets? Não, mas no dia a dia do copy de vendas, dez bullets sólidos carregam o peso de cinquenta medíocres.

Se quiser fazer bons bullets rápido, reveja o Segredo #9.

AFIRMAÇÃO SOBRE SUA CREDIBILIDADE

Conte sobre você e por que é qualificado para apresentar essa solução. Novamente, dependendo de que tipo de copy que você esteja criando, pode ser uma frase ou uma página sobre a sua educação, qualificações e como chegou aonde está hoje. Tudo depende do tamanho e do propósito da sua mensagem de vendas.

Se você precisar de uma carta de vendas longa para vender um item caro, no qual o copy carrega o peso da decisão de vendas, as pessoas vão querer saber o quem, o quê, o onde, o quando, o porquê e o como das suas qualificações.

Por sua vez, o cara que inventou *A flexão perfeita* e *A barra perfeita* fez uma afirmação de credibilidade num comercial de um minuto em que dizia "inventada por um SEAL da Marinha". Essas seis palavras foram o suficiente para estabelecer a credibilidade necessária para vender 100 milhões de dólares em equipamento de fitness, o equivalente a cerca de 500 milhões de reais.

Resumindo, responda à pergunta: "Por que você?".

PROVA

Prova responde à pergunta: "Por que eu deveria acreditar em você?". Use recomendações e testemunhos. Use o que tiver (estatísticas, citações, estudos governamentais etc.) para evidenciar sua prova.

É fácil começar assim: "Não sou só eu que estou dizendo. Olha isso." Essa é uma maneira ótima de entrar nesse segmento.

Um tipo de prova de que não falamos ainda: o uso de imagens e gráficos. Imagens são uma das melhores formas de embasar suas provas, mas ela vêm com muitas regulações. Por quê? Fotos são atraentes, mas também fáceis de forjar. Pense na questão de perda de peso. A foto de antes e depois é muito poderosa. E muitas são falsas. Um segredinho: muitas vezes a foto do antes (gorda) é uma foto do depois, na realidade. Em outras palavras, as pessoas pegam fotos antigas delas, de quando eram magras, tiram uma foto de agora, mais pesadas, e invertem a cronologia. Que truque sujo! Ah, e não faça isso!

Se estiver afirmando algo a respeito de renda, você pode mostrar fotos de extratos. No mercado imobiliário, as pessoas sempre mostram fotos de cheques e pessoas com quem fecharam negócios.

Meu melhor conselho: sempre fale a verdade e a embase. Se alguém dissesse: "Ei, preciso que prove isso na justiça!", você conseguiria?

RESUMA A OFERTA E PRECIFIQUE

Nessa seção, conte exatamente o que o cliente vai receber, como, quando e quanto custa.

Exemplo de coaching

1. Esse programa de coaching é dividido em seis partes e começa na data X.
2. Será enviado semanalmente.
3. Haverá um tempo designado para tirar dúvidas.

Exemplo da furadeira

1. Furadeira de 18 volts.
2. Vem com um bônus de 20 peças.
3. Entregue pelos Correios em até 4 dias.

O que quer que seja, conte exatamente aquilo que o cliente vai receber, quando, como e por quanto.

Vamos falar de precificação. Alguns dizem que você deve usar uma queda de preço dramática ao revelar o preço. Em alguns casos, as pessoas são imunes a isso, principalmente se você não estiver vendendo ao vivo ou em um webinar.

Por exemplo, em um anúncio de texto ou numa webpage, onde você não está presente para fechar o negócio, se falar "Geralmente custa 400 reais, mas hoje sai por 2,50!", não vai funcionar. O detector de mentiras será acionado.

Para ver ótimos exemplos de queda de preços para produtos comuns, olhe na Amazon. Praticamente todos os produtos deles vão ter um preço original e um reduzido. Um desconto de 10% a 30%. Observe as cores que usam, os preços riscados etc.

Você pode falar: "Geralmente, esse é o preço, mas agora é este." Você quer que as pessoas sintam que estão fazendo um ótimo negócio, e este é momento para isso.

Aviso: Geralmente, aqueles que vivem pelo preço morrem pelo preço. Se a justificativa para comprar o que você vende é o preço baixo, você não vai ganhar muito. Providencie um preço competitivo, mas não caia na precificação de quanto mais barato, melhor. O orçamento mais barato não costuma ganhar bem (a não ser que ele tenha um funil do caramba!).

BÔNUS E CARTADAS NA MANGA

Se tiver bônus, ofertas especiais e serviços extras inclusos, ou qualquer coisa para fazer o cliente morder a isca de vez, conte agora.

Nessa parte, você acrescenta mais valor à oferta. Talvez jogue um relatório extra, uma consulta individual com você ou qualquer coisa que faça o cliente sentir que essa, de fato, é uma oferta fantástica. Valorize o bônus e mostre por que é um acréscimo importante à oferta.

Marlon Sanders, um homem que respeito muito, contou-me algo que ficou marcado em mim, há mais de vinte anos. Estávamos em um lobby de hotel no Colorado, em fevereiro de 2001, e ele disse: "Jim, a coisa mais fácil do mundo é vender um dólar por dez centavos." Para aumentar a efetividade da sua oferta, você acrescenta bônus até que o valor total da sua oferta seja dez vezes o preço cobrado. Esse conselho foi bom.

Então Marlon falou algo que mudou minha vida. Até hoje, eu me lembro do chá que ele tomava enquanto conversávamos e os demais participantes do evento estavam em outro lugar. Estávamos só nós dois lá quando ele largou esta:

"Jim, se quer deixar sua oferta incrível, pegue a proposta do seu competidor e transforme-a em um bônus gratuito da sua."

Em outras palavras, o que quer que seus concorrentes estejam oferecendo que os torna únicos, ofereça a mesma coisa como um bônus gratuito na sua oferta. Assim, em vez de comparar você e os concorrentes, os clientes compram direto de você, porque você oferece tudo em uma compra única!

Eu poderia escrever um livro inteiro sobre o que isso significou para mim nas últimas duas décadas, mas vou contar o que eu fiz imediatamente com essa ideia.

Eu estava vendendo um produto sobre educação na área de hipotecas. Meus competidores eram os softwares de cálculo de hipoteca. Então encontrei um desses que poderia comprar e incluir como bônus na minha oferta. Contei que eles não precisariam comprar nenhuma calculadora, porque eu já fornecia uma. Minhas vendas subiram, e eu nunca olhei para trás.

CUIDADO: Não atulhe de extras porcarias. Use-os de uma forma estratégica. Use os bônus para criar uma oferta que faça sentido e que seja tão boa que as pessoas se sintam doidas de dizer não.

GARANTIA

A garantia é tirar o risco. Pode ser tanto um parágrafo quanto uma única frase. Você pode simplesmente dizer: "Garantia de 1 mês". Também pode fazer uma garantia em que reafirma cada um dos benefícios apresentados anteriormente.

Exemplo:

Não apenas oferecemos garantia incondicional de 1 mês, como, se você não aprender exatamente o que fazer no teste físico, se não te ajudarmos a ficar em forma em duas semanas, se não fornecermos um plano para você se preparar, não queremos seu dinheiro. Devolvemos tudo. Sem burocracia. Sem ressentimento.

Repito: Qualquer que seja a sua forma de fazê-lo, retire todo o risco de vista.

CONVIDE O CLIENTE A ENTRAR EM AÇÃO

Você já contou para o comprador tudo de que ele precisa saber sobre o produto. Agora é hora de chamá-lo a fazer uma ação.

Pode ser um botão que diga: "Clique aqui para comprar agora!" Nesse ponto, também pode dar outro motivo para que comprem agora. "Se encomendar hoje, daremos mais 10% de desconto."

Se for uma carta de vendas longa, pode recapitular tudo em bullets curtos.

Você vai receber:
- *Vídeos;*
- *Coaching personalizado;*
- *Acesso instantâneo ao treinamento on-line;*
- *Acesso ao software;*

- *Versão em audiobook;*
- *Templates.*

Como fazer depende do que você estiver vendendo, o tipo e a quantidade de copy de vendas, e onde os está usando.

PÓS-ESCRITO (P.S.)

A parte final da sua carta de vendas é o P.S. É aqui que você reafirma os benefícios e incita a ação outra vez.

Aliás, de onde surgiu o P.S.?

Antigamente, quando as pessoas escreviam cartas com caneta de pena ou na máquina de escrever, ninguém queria reescrever tudo caso tivessem se esquecido de algo importante. É daí que surgiu o "pós-escrito". É o essencial que foi esquecido!

Nele, você reafirma os benefícios, os motivos para agir agora e manda comprar já!

Exemplo:

> P.S.: *Essa preciosidade passará a custar R$ 49. Esse valor de R$29 é uma oferta única, então, não perca.*
>
> P.P.S.: *Vamos ser sinceros: se perder essa oportunidade, daqui uma semana você terá um e-book pronto? Provavelmente não!*
>
> *Você ainda vai querer e precisar de um e-book, mas não vai escrevê-lo nem ganhar dinheiro com ele. Admita. Você precisa é de instrução e encorajamento. Compre este livro **agora** e, daqui a uma semana, você terá o seu livro pronto! Daqui a uma semana, você não vai querer se gabar da sua renda passiva?*
>
> *Compre já! Satisfação garantida! Clique aqui!*

FÓRMULA DE VENDAS EM 13 PASSOS

Essa fórmula para uma mensagem de vendas em treze passos funciona em uma carta de dez páginas ou um e-mail de uma página. Seja impressa, na web ou em vídeo, essas partes precisam estar presentes nessa ordem.

Ao seguir esse processo de treze passos, você trata de todas as objeções do cliente. Resolva todas as questões acompanhando-o nesse processo psicológico de avaliar uma compra. Cada uma dessas seções pode ser formada de páginas, parágrafos, frases ou orações. Lembre-se de ticar todos os pontos, na ordem correta, para vender mais.

RESUMO

- Uma carta de vendas é como saltar sobre pedras para atravessar um lago: se passar por cima de uma, vai se desequilibrar e se molhar.
- Esse processo funciona para cartas de vendas de todos os tipos e tamanhos.
- Lembre-se de somar mais valor para que comprem de você.

SEGREDO #18

COMO ESCREVER E-MAILS TEASERS MATADORES – E RÁPIDO

"Boa propaganda é escrita de uma pessoa para outra. Quando é voltada para milhões, raramente emociona um."

FAIRFAX M. CONE

O que é um e-mail teaser?

Um e-mail teaser é um e-mail enviado para um único consumidor ou para uma lista. Você pode enviar para sua própria lista ou pode encorajar um parceiro ou amigo a enviar para os clientes e assinantes deles. **Em cerca de 90% das vezes, o único propósito do teaser é fazer o leitor clicar em um link do próprio e-mail para visitar uma página externa.**

A habilidade de escrever um ótimo teaser pode fazer uma diferença enorme no seu negócio. A boa notícia é que é algo mais simples do que você imagina. Assim que entender o propósito do teaser (fazer alguém clicar num link que leve para uma página externa), sua vida ficará bem mais fácil!

A maioria das pessoas comete o erro de fazer a oferta no teaser. Não faça isso! É sua carta ou seu vídeo de vendas que tem esse propósito.

O teaser serve para outro fim: fazer os prospectos clicarem para, assim, serem direcionados a um website. E lá:

- Lerem sua mensagem de venda;
- Verem seu vídeo de venda;

- Absorverem seu conteúdo;
- Lerem os posts do seu blog;
- Assistirem aos seus vídeos de conteúdo (que, por sua vez, leva-os ao seu e-commerce).

O único propósito de um e-mail teaser é gerar o clique e preparar o leitor para o que ele verá após clicar.

Quando você compreender isso, será bem simples.

UM E-MAIL ÓTIMO TEM POUCAS PARTES

A primeira parte é o assunto; ele funciona no e-mail como uma chamada. Ou seja, se o assunto for uma porcaria, ninguém vai abrir o e-mail. Se ninguém abrir, ninguém lê. Se ninguém lê, você não ganha dinheiro. Simples.

Então, trabalhe nos assuntos! Os melhores são curtos, concisos, em geral na forma de pergunta.

Vejamos os exemplos do meu chapa Stew:

- *Preocupado em não passar no exame de aptidão física?*
- *Você não passou no exame de aptidão física?*
- *Exame de aptidão física chegando?*

Esses assuntos vão fazer com que as pessoas certas abram o e-mail e, francamente, não vão despertar o interesse em quem não ia comprar nem de uma forma, nem de outra.

Assim que abrirem seu e-mail, faça com que se sintam especiais, não como partes de uma multidão. Por isso eu gosto de usar um programa que coloque o primeiro nome da pessoa. Então, o e-mail começa com "Ei, Bob. Ei, Mary".

Se não dá para fazer isso, coloco algo do tipo, "Ei, pessoal", "Oi, colega hackeador de funil" ou algo do tipo. Faça com que se sintam parte de um grupo e se sintam reconhecidos. Sempre precisa de uma saudação. Não entre direto no assunto.

Então, abale as estruturas com uma afirmação chocante. Aquilo que vai levá-los a um transe hipnótico. Algo do tipo:

Ei, Craig,

- *Tenho um vídeo novinho em folha para você.*
- *Tenho um anúncio incrível.*
- *Você vai pirar com esta notícia.*
- *Um webinar fresquinho e gratuito sobre (assunto incrível).*

Também pode perguntar algo e arrancá-los da hipnose.

- *Você sabia que a maioria dos que tentam escrever um livro fracassa?*
- *E se você reprovar no exame de aptidão física?*
- *Você sabia que, de todas as pessoas que tentam escrever um livro, 99% delas fracassa?*

Assim que conseguir a atenção, ataque com uns três bullets para atiçar a curiosidade. E então, mande clicar.

Exemplo:

Assunto: Quer ser um autor publicado?
Ei, Craig,
Você sabia que, de todas as pessoas que tentam escrever um livro, 99% delas fracassa?
Fala sério. Os motivos são:
- *Elas não sabem criar conteúdo que venda.*
- *Não sabem formatar.*
- *Não sabem publicar.*
A boa notícia é que eu tenho um vídeo incrível que mostra exatamente como resolver todos esses problemas – de forma rápida e fácil!
Clique aqui para ver.

> *LINK*
> *Te vejo lá.*
> *Obrigado,*
> *Jim*

É isso.

Lembre-se: 99% das vezes, o único propósito do e-mail é fazer alguém clicar em um link.

Um dos teasers de mais sucesso que já mandei para minha lista de prospectos tinha apenas algumas linhas.

> *Assunto: Estou impressionado*
> *Ei, Craig,*
> *Por essa eu não esperava.*
> *Recebi uma resenha incrível!*
> *Você precisa dar uma olhada.*
> *LINK*
> *Te vejo lá,*
> *Jim*

Esse foi o e-mail. Levava o leitor para uma resenha sobre um produto meu. Só isso, e as pessoas ficavam doidas de curiosidade. Tome cuidado para não parecer enganação. Obviamente, não dá para usar esse tipo de coisa com alguém que não te conheça (repito: esse e-mail foi enviado para a minha lista).

Um e-mail teaser incrível pode ser dividido assim:

- Assunto incrível;
- Saudação;
- Afirmação chocante;
- De dois a quatro bullets, ou o mesmo número de frases para atiçar a curiosidade;
- Chamado à ação específico;
- Fechamento com uma frase mais pessoal, como: "Te vejo lá. Obrigado, Jim".

Só isso.

Dá para variar? Dá.

Esse esquema é o atalho? Certamente. E vai facilitar sua vida deixar tudo conciso. Melhor errar para menos, nesse caso.

Lembre-se: você está exaltando os benefícios do que eles vão ver, *não* do que você está vendendo.

Da mesma forma que um teaser deve ser curto, aqui vai um resumo do segredo:

- Chame a atenção para que abram o e-mail.
- Reconheça o leitor com um cumprimento.
- Use uma afirmação chocante.
- Insira dois, três ou quatro bullets para atiçar a curiosidade.
- Convide a uma ação específica.
- Feche com "te vejo lá" e seu nome.

Só isso. Funciona em praticamente todas as situações.

Quando você considera que de 40% a 60% ou mais de seus leitores vão ler esta mensagem em um dispositivo portátil, é ainda mais importante. Eles não querem ler mil páginas, mas, se puderem entender o básico e ficar curiosos, vão clicar para acessar sua carta de vendas, seu vídeo ou o que seja.

Seja curto e doce.

Um último pensamento sobre e-mail. E-mail é uma maneira pessoal de se comunicar, porque chega na caixa de entrada. Dessa forma, parece uma intimidade. Então, fale como se fosse um amigo, e os resultados serão melhores.

Lembre-se: amigos não mandam cartas de vendas de dez páginas para amigos!

> ## RESUMO
>
> - Em 99% das vezes, o único propósito do e-mail é conseguir o clique da pessoa certa.
> - Seja curto, conciso e foque no clique.
> - Chame a atenção e gere curiosidade: é o que vai levá-los ao clique.
> - Embora você possa mandar o mesmo e-mail para 1 milhão de pessoas; é só uma que vai ler por vez.
> - Escreva como se fosse para um amigo ou colega.

SEGREDO #19

O RASCUNHO MAIS DIFÍCIL DA SUA VIDA

"Há um segredo que todo artista profissional sabe e os amadores, não: ser original é superestimado. As mentes mais criativas do mundo não são especialmente criativas, são apenas melhores em rearranjar."

JEFF GOINS

Claro que o rascunho mais difícil é o primeiro. Nunca é a hora perfeita para escrever copy. Há sempre algo que você provavelmente preferiria estar fazendo. Com frequência, você se senta para escrever e diz a si mesmo que precisa ficar pronto em dez minutos. Então, liga o computador, abre o editor de texto e encara o cursor piscando. Pisca. Pisca. Pisca. Pisca.

Você pensa: *Como vou sair dessa página em branco para uma mensagem de vendas, uma chamada, uma carta de vendas ou um roteiro para vídeo? Como eu faço isso?*

A resposta é pensar e escrever em pedaços. Volte para o Segredo #17: uma carta de vendas nada mais é do que uma série de pedaços. Não pense: "Puxa, preciso escrever uma carta de vendas". Em vez disso, pense nos pedaços necessários para criar o que você precisa.

No caso de uma carta de vendas, primeiro, precisa da chamada. Então, alguns bullets seguidos de uma introdução. Logo, a fórmula: *Problema, Agite, Resolva*. Em seguida, uma descrição do produto, com bullets explicando os benefícios. O próximo passo é contar sobre você. Agora, ofereça a prova de que funciona. Que bônus seria a cereja do bolo? Em seguida, acrescente mais valor, diga o preço e anuncie um desconto. Agora, chame claramente à ação. É hora de resumir sua oferta fantástica e concluir a carta. Não se esqueça do P.S., onde você vai fazer uma reafirmação breve de tudo isso e um novo chamado à ação.

Sim, são muitas partes, mas, se pensar em partes em vez de um todo gigante, é mais digerível.

Um e-mail também tem partes. Assunto, saudação, *Problema, Agite, Resolva*, com a solução à espera do cliente, do outro lado do clique no e-mail.

Um vídeo não é nada mais do que uma série de pedaços. Chame a atenção, insira a fórmula *Problema, Agite, Resolva*, dê a solução, use cinco bullets legais sobre essa solução e três motivos para agir agora.

O rascunho mais difícil é o primeiro. Por isso, use o swipe para estimular sua criatividade. Seu arquivo swipe deve proporcionar modelos de copy que funcionam. Não olhe para a página em branco. Veja como adaptar suas cartas antigas, as cartas escritas por outras pessoas, as chamadas de outras pessoas, os bullets de outras pessoas e os chamados à ação de outras pessoas.

Use seu swipe file para sua mente entrar no ritmo. O primeiro rascunho é o motivo pelo qual criei o www.FunnelScripts.com (site em inglês). Com o Funnel Scripts, tudo o que você precisa fazer é copiar e colar. Ele some com a página em branco e facilita o copy, basta responder a algumas perguntas. Depois de colocar algo no papel, fica cem vezes mais fácil editar e reescrever do que fazer tudo do zero. Quando vir algo no papel ou na tela, sua mente junta tudo e diz: "Eu deveria dizer isto, não aquilo. Vamos mudar isso aqui de lugar. Ah, preciso da garantia. Ah, e uma imagem aqui. Opa, isso vai ali."

Lembre-se de que todo copy é uma combinação de peças ou partes. Uma carta de vendas é um pacote de chamada, sua história de vendas, alguns bullets, garantia e chamado à ação. Tem outras partezinhas? Claro, mas, se pensar nessas principais, a ansiedade de escrever uma carta de vendas diminui.

Seu trabalho número um quando criar um copy é fazer esse primeiro rascunho ou versão o mais rápido possível. Essa é a chave para o sucesso.

RESUMO

- Faça a primeira versão o mais rápido possível.
- Use seu swipe file para ajudar, não comece do zero.
- Quando tiver esse primeiro rascunho, editar torna-se cem vezes mais fácil do que escrever do zero.

SEGREDO #20

AUMENTE A SEDE

"Decida o efeito que quer produzir no leitor."
ROBERT COLLIER

Você deve ter ouvido falar no ditado: "Você pode levar um cavalo até a água, mas não pode obrigá-lo a beber". É verdade. Pode levar um cachorro lá fora, mas não pode obrigá-lo a fazer xixi. Pode levar uma pessoa a um ponto específico, mas não pode obrigá-la a fazer nada a partir dali. No entanto, você pode deixar a pessoa com mais "sede" por aquilo que está vendendo.

Então a questão é: "Como posso criar um conteúdo que fará as pessoas quererem comprar sem oferecer tantas coisas gratuitas que elas não precisem mais comprar?" Para quem vende produtos e serviços digitais, isso é importante. Na verdade, é essencial para qualquer um que venda qualquer coisa. Você precisa colocar as pessoas na posição de compra, mas também deixá-las com mais "sede" para que comprem mais rápido.

Aqui está uma distinção de que talvez não tenham ouvido.

Você já deve ter ouvido o ditado "histórias vendem". No entanto, há histórias que deixam com "sede", e o copy de vendas conta onde comprar uma bebida. Agora quero que pense nisso por um segundo.

As histórias dão "sede". Em seguida, o copy conta onde comprar bebida.

HÁ QUATRO TIPOS DIFERENTES DE HISTÓRIAS QUE VOCÊ
CONTA PARA AS PESSOAS

Quando pensamos em conteúdo para blogs ou redes sociais e nas histórias de copy de vendas que você usa na sua carta ou no seu vídeo de vendas, não há diferença. É sua intenção que faz a diferença.

Primeiro, as histórias podem ser sobre sua vida, seu negócio, outras pessoas ou qualquer coisa que ilustre seu argumento.

Segundo, histórias podem ser estudos de caso: como alguém alcançou um resultado. Tem começo, meio e fim. Por exemplo: eu estava aqui, infeliz, eu fiz isso com esse produto e eis os resultados. É uma peça de três atos. A jornada do herói. "Eu estava aqui, tive um problema, consertei e minha vida está assim agora."

Terceiro, exemplos também podem ser histórias. É mostrar como algo funciona, como foi aplicado, como entrou em ação e os resultados obtidos.

Quarto, pode usar o que chamo de *Os 3 Ms de conteúdo*, um tesouro que pode mudar sua vida. Todos sempre estão em busca de maneiras de oferecer conteúdo de valor que não resolva o problema, mas crie a necessidade por aquilo que você está vendendo e aumente a urgência da compra.

O primeiro **M** é para dissipar um **mito**. As pessoas acreditam em muitos. Você pode criar muito conteúdo sobre mitos, como postagens, artigos, vídeos e webinars. Na verdade, livros inteiros são escritos a respeito dos mitos e voltados para desmascará-los.

O segundo **M** é para **má conceituação**. Mitos são mentiras em que as pessoas acreditam, enquanto a má conceituação leva a ideias incorretas sobre algo. Você pode esclarecer esses mal-entendidos – inclusive crenças falsas – e substituí-las por visões corretas e esclarecidas.

O terceiro **M** é para **malogros**. Malogros são os erros cometidos e os mais poderosos dos três Ms, porque ninguém quer cometer equívocos. Desde pequenos, acreditamos que, se cometermos erros, vamos receber nota baixa na prova, perder pontos ou nos sentir idiotas. Ninguém quer se sentir idiota, então fazemos qualquer coisa para evitar erros.

Você pode criar histórias em torno de mitos, más conceituações e malogros sem oferecer nenhuma solução que faça parte do seu produto. No entanto, quando você cria histórias com *Os 3 Ms de conteúdo*, as pessoas sentem como se você estivesse entregando o ouro.

E, como bônus para você (falei que havia quatro tipos de histórias para contar), há uma quinta maneira de deixar as pessoas com mais "sede" usando histórias criadas com o que se chama "ponte para o futuro". Esses tipos de história explicam como a vida será depois que o cliente tomar determinadas ações. Você explica como seu produto, serviço ou software, qualquer coisa, irá ajudá-lo na conquista desses resultados. Você descreve qual será a imagem da vida no futuro se o cliente tomar essa ação.

Um exemplo:

> *Quero que você imagine ter seu próprio livro com seu nome nos créditos, como autor. Você segura o livro. Mostra às pessoas. Elas folheiam. Veem seu nome na capa (que tem um design de qualidade). Agora, imagine entregar esse livro a alguém para quem você deseja trabalhar. Durante a entrevista de emprego, você inclui um exemplar junto ao currículo. Você está em uma feira de negócios autografando exemplares em vez de entregando cartões. Pense em como sua vida seria se você tivesse um livro seu para distribuir. Como isso afetaria sua credibilidade? Como seriam seus negócios? Como você se sentiria consigo mesmo? Obviamente, ter seu próprio livro é algo importante e valioso para você e seu negócio.*

O que eu fiz aqui? Contei uma história que pode ser um post no Facebook, no blog ou mesmo uma live. Você pode inserir imagens, emoções e todo tipo de coisa. Mas note que não ensinei a escrever um livro. Não fiz nada a não ser aumentar a sua "sede" por produzir seu próprio livro.

Pense em ensinar *versus* vender. Ensinar equivale a histórias e conteúdo. Vender equivale a copy. Você pode usar um para levar ao outro ou os dois juntos. Pode usar histórias na sua carta de vendas para dar "sede". Pode usar em blogs, vídeos, webinars... Entretanto, precisa entender que histórias e conteúdo dão "sede". Venda é mostrar onde comprar água.

VAMOS DISCUTIR AS QUATRO MANEIRAS DE VENDER AO CRIAR CONTEÚDO
(GRATUITO OU PAGO)

A primeira é dar algo valioso de graça, que leve naturalmente a uma compra adicional. Ouvi uma história de vendas anos atrás, sobre um cara que coloca um anúncio no jornal e diz "Barco gratuito procura um novo lar." Duvido que seja verdade, mas... Na mesma hora, alguém aparece às oito da manhã de um sábado. O cara mostra o barco e confirma: "Sim, de graça, só precisa se encarregar do transporte." O cliente fala: "Ok, vou levar." O vendedor então diz: "Só mais uma coisa. Eu tenho um trailer no qual o barco cabe certinho. Te vendo o trailer, se quiser. Também tenho um motor externo, se quiser um motor para o seu barco." Uau, pense nisso. Ele vai receber o barco de graça, mas, para usá-lo precisa do trailer e de um motor.

Você pode dar alguma coisa de graça. Seu cliente vai amar, mas faça de tal maneira que crie a necessidade pelo que você vende. Outro exemplo. John Childers, um treinador de vendas de primeira categoria, fala para todo mundo que é coach de palestrantes. O que ele ensina é o treinamento para palestrantes mais caro do mundo. Quando eu fiz esse curso, custava 25 mil dólares. John vende o curso assim. Você paga 5 mil de entrada, participa do treinamento e aí combina de dar para ele 50% da renda arrecadada com suas palestras, até completar os 20 mil restantes. Esse era o combinado.

John era um excelente professor. Fui entender esse princípio quando fiz o curso dele, porque seu treinamento era focado em como ganhar dinheiro palestrando. Ele fornecia um treinamento excelente e gratuito de como criar um produto caro que seria posto à venda em estandes durante as suas palestras. Ensinava como organizar seu programa. Explicava em detalhes minuciosos o tipo de microfone, como montá-lo e como usá-lo. Descrevia o software necessário para gravar a palestra. Mostrava quanto dinheiro você ganharia com a venda do produto no estande. Era muito específico sobre como criar o produto que venderia de cima do palco.

Ele dava conteúdo para valer. No entanto, para vender o produto que você criaria com tudo o que ele ensinava, precisava fazer o treinamento de palestra. Ele dava "sede" ensinando algo incrível que levava a um próximo passo, em que era necessário efetuar uma compra.

E se você quisesse ser um cavaleiro ou um cowboy? Ótimo! Vou te dar aulas de montaria e uma sela gratuita. Agora, deixa eu te vender um cavalo.

Em suma, você ensina algo a alguém ou providencia algo que automaticamente cria a necessidade pelo seu produto, mas o que você está dando de graça é tão valioso e bom que as pessoas não pensam: "Ah, era só uma pegadinha para me vender uma coisa." Em vez disso, pensam: "Caramba, isso é bom. Quero fazer. Agora vou comprar para conseguir pôr tudo em prática."

A segunda maneira é contar o que e por que o cliente deve fazer, e então vender como/o que ele precisa para fazê-lo. Um exemplo é como escrever um livro. Criei um webinar que detalha os passos para escrever um livro:

> *Passo um: Defina seu público-alvo.*
>
> *Passo dois: Entenda que pode "criar" o conteúdo do livro mais rápido do que escrever.*
>
> *Passo três: Você vai criar esse conteúdo via entrevista por telefone.*
>
> *Passo quatro: Você vai bolar a capa com um designer do Fiverr. Acesse o link.*
>
> *Passo cinco: Transcreva a entrevista.*
>
> *Passo seis: Edite um pouco.*
>
> *Passo sete: Contrate alguém do Fiverr para formatar seu livro.*
>
> *Passo oito: Publique no CreateSpace (impresso) e no Amazon Kindle (e-book).*

Esses são os passos exatos para escrever um livro. Agora, veja por que escrever um livro e como ele pode ajudá-lo.

- Dá credibilidade. Dá autoridade.
- Em vez de um cartão de visitas, você entrega um exemplar.
- Use para ofertas autoliquidantes.
- Pode usar como front end de um funil.
- Pode usar para conseguir mais clientes consultores, mais clientes palestrantes, mais de tudo.

Agora que você sabe todos os passos, pode fazer tudo na mão ou economizar tempo com um software que faz tudo por você. Chama-se *The 3-Hour Kindle Book Wizard* (Crie seu e-book Kindle em 3 horas).

O que eu fiz? Contei todos os passos necessários para escrever um livro SUPER-rápido. Posso ensinar em um webinar de 45 minutos, algo que já fiz dezenas de vezes. Ao fim do treinamento, você vai querer comprar o software que completa o processo para você.

A terceira maneira é ensinar todos os passos até chegar à compra. Por exemplo, ensine como montar um funil de vendas para livros, software, serviços ou coaching. Seu conteúdo pode incluir todas as ferramentas, páginas, estrutura e duas semanas de uso gratuito do programa. A única coisa que o consumidor precisa fazer é escrever o copy para essas páginas. Conte que você tem uma ferramenta especializada que providencia templates adaptáveis para o copy de vendas deles, não importa o produto à venda.

Ou suponha que você está vendendo um suplemento para perda de peso que tem gosto de bolo. Você pode mostrar receitas deliciosas nas quais se usa o suplemento: lanches, smoothies, bolos e outras delícias com poucas calorias. Pode até demonstrar com vídeos para seu nicho. Os clientes vão ver você fazendo essas receitas e vão ficar literalmente com fome ou sede, e vão comprar o suplemento.

A quarta maneira de provocar "sede" com conteúdo é ensinar a forma manual ou difícil de fazer algo. Então venda as ferramentas, o botão automático. Funciona tão bem que parece sacanagem. É como mostrar a alguém como cavar um poço com pá e escada. Você ensina cada passo necessário para chegar até a água. No final, fala: "Parabéns! Você é totalmente capaz de cavar um poço. Agora, se não se importa, vou te contar sobre um negócio chamado retroescavadeira. Ela cava e tira quase três metros cúbicos de terra por vez. Em vez de cavar esse poço com a mão, em duas semanas, e quase morrer se o negócio desmoronar em cima de você, posso mostrar como cavar em duas horas com essa ferramenta bacana. Quer ver?"

Outro exemplo seria mostrar como construir um site com HTML ou CSS. Ensine a codificar o negócio todo. Entre em detalhes nas tags de parágrafo, quebras de linha, negrito e itálico com um editor gratuito de HTML. Depois, pergunte se querem ver o software fazer tudo sozinho. "E, inclusive, dá para integrar sem grandes problemas uma resposta automática, processador de pagamento, up-sell e tudo mais de que você precisa. Além disso, no tempo que se leva para codificar uma página na mão, dá para criar um funil inteiro e receber tráfego para checar se vende ou não."

A conclusão sobre esses métodos é que é possível dar um monte de conteúdo se você estruturar corretamente e provocar mais sede no cliente.

RESUMO

- Não há diferença entre as histórias de conteúdo e as de vendas.
- Se estruturar direitinho, você pode fornecer MUITO conteúdo gratuito sem entregar de bandeja nada que desencoraje a compra.
- Lembre-se: histórias dão "sede", e o copy conta onde comprar água.

SEGREDO #21

ME AME OU ME ODEIE, NÃO EXISTE DINHEIRO NO MEIO-TERMO

"Cada produto tem uma personalidade única, e seu trabalho é descobrir qual é."

JOE SUGARMAN

Este segredo é divertido porque é agora que você vai criar, por querer, sua própria *persona* ou personalidade. As pessoas compram com mais facilidade de um personagem do que de uma empresa desconhecida. Por isso, empresas de todos os portes costumam ter um porta-voz. Não dá para estabelecer um relacionamento com uma empresa ou com um logo, mas dá para ter a sensação de relacionamento com uma pessoa. Tipo, o cara do Bombril, sabe? As pessoas compram com mais facilidade de personas.

A maneira mais rápida de fundamentar essa persona é se posicionar, ter uma opinião e estar seguro dela. Por isso o ditado: me ame ou me odeie, não existe dinheiro no meio-termo. Vai saber quem disse isso primeiro, mas as pessoas do meio-termo não ganham dinheiro. Estão tão ocupadas tentando botar panos quentes em tudo que nunca fazem algo de notável para grupo algum. Se olhar para a política americana, o sistema bipartidário já perdura há uns duzentos anos. Os nomes dos dois partidos mudaram e eles trocaram de posicionamento um par de vezes, mas é a mentalidade do *nós contra eles*. As pessoas pensam assim.

Não é certo nem errado. As coisas são assim. Você precisa escolher um lado. O objetivo aqui é aproximar os clientes de você (me ame). Se você forçá-los a escolherem um lado, podem acabar odiando você, qualquer que seja o motivo. O tom de voz, o corte do terno, se estiver gordo ou magro, se for muito alto ou muito baixo. Podem não gostar do seu bigode. Seja lá o motivo, pessoas que o odeiam ainda vão prestar atenção e comprar de você. Isso que é o mais estranho.

Há pessoas que me odeiam e compram de mim sempre. Não me conhecem pessoalmente, mas me odeiam e compram. Amam me odiar. Compram as coisas para detonar e se sentir melhores em me odiar. Da mesma forma que as pessoas que me amam compram. Compram coisas, pagam pelos serviços, pagam para viajar em cruzeiros comigo e pertencem ao meu grupo de coaching mensal porque me amam e querem se sentir próximas de mim.

Você pode fazer a mesma coisa. Mas, para conseguir resultados, force as pessoas a tomarem uma decisão a seu respeito. No conteúdo e no copy. Tome uma posição e seja consistente na mensagem, nos seus métodos, nas suas opiniões, de quem você gosta e desgosta. Embora não fale mal de pessoas pelo nome, pode falar mal de comportamentos. Discutir práticas. Falar de metodologia.

É necessário ter uma posição. "Isto é o certo, aquilo é errado. Isto é bom, aquilo é mau. Isso funciona, aquilo não." As pessoas buscam um líder, alguém que os leve a algum lugar. Alguém que diga: "Isso queima, Johnny, não coloque a mão no fogão." Ou: "Sally, esse coelhinho fofinho será um animal de estimação maravilhoso." Buscam alguém que conte sua própria versão da verdade, que conte a história certa, que sirva de guia e que seja consistente. É por isso que os consumidores se irritam tanto com aquela pessoa que tem a novidade mais incrível da semana, e porque esses tipos marketeiros, vendedores ou promotores têm que gastar mais tempo repondo a lista do que o necessário, uma vez que sempre estão bolando a última novidade. *Você precisa é de consistência.*

No entanto, não tenha medo de mudar de direção. Se o mundo mudar, as circunstâncias mudarem, se algo fizer você reavaliar sua opinião, então conte: "Ei, mudei minha opinião a esse respeito. Mudei minha prática", mas não seja maria-vai-com-as-outras. Não se deixe levar. Mantenha-se firme.

Um exemplo rápido. Por muitos anos, fizemos marketing de artigo: nossa maneira principal de levar tráfego ao site. Toda semana, eu criava um artigo e o promovia por um serviço que postava o artigo em diferentes sites de anúncios, trazendo milhares de visitantes para o meu site. Na época, eu só ensinava essa maneira de conseguir tráfego.

Um dia, parou de funcionar. O Google mudou os algoritmos. Pararam de contar esses artigos porque as pessoas faziam spam. Todo aquele tráfego pelo Google secou, literalmente, da noite para o dia. Em vez de insistir e falar "pode ser que volte", eu falei: "Quer saber? Não funciona mais, então precisamos bolar outra coisa."

Não tema mudar de direção.

Ouvi o ditado "Me ame ou me odeie, não existe dinheiro no meio-termo" de Matt Furey, em um evento de liderança na Flórida, em 2003. Quando Matt falou para o grupo, olhou para mim e disse: "Acabei de comprar o seu livro, e você está vendendo-o barato demais." Arregalei os olhos, porque esse cara é impressionante.

Pensei: *Esse cara obriga a gente a ter uma opinião sobre ele.*

Então, ele falou: "A outra coisa que fez uma grande diferença no meu negócio foi operar com a filosofia de 'me ame ou me odeie, não existe dinheiro no meio-termo.'"

Fiquei passado. Nunca vou esquecer. Teve um impacto dramático no meu negócio, porque essa filosofia me deu coragem de enfrentar pessoas que contavam mentiras. Essa filosofia me deu coragem de mudar a direção. Deu coragem de compartilhar minha opinião. Por causa dela, sei que, se tentar agradar todo mundo o tempo todo, não vou ganhar nada em troca.

Quando o assunto é copy e conteúdo, lembre-se: me ame ou me odeie, não existe dinheiro no meio-termo. Tenha uma opinião forte. Defenda-a. Não tenha medo de mudar se o mundo provar que a mudança é necessária. Seja um sujeito consistente para quem presta atenção em você.

> ## RESUMO
>
> - Me ame ou me odeie, não existe dinheiro no meio-termo.
> - Defenda alguma causa!
> - Seja consistente na mensagem e na opinião.
> - Não tenha medo de mudar a direção e explicar o porquê, caso a situação imponha.

SEGREDO #22

"CARAMBA... PRECISO TER UM DESSE!"

"Há muito tempo acredito que dá para ganhar muito dinheiro fazendo ofertas para pessoas em um ponto de virada emocional."

GARY HALBERT

A chave número um para vender feito água é a promessa que qualquer produto rentável faz. Qualquer que seja o tipo de copy que você esteja montando, em 99% das vezes, a chamada é o componente mais importante. A promessa, que costuma aparecer na chamada, é a chave.

Com qualquer copy de vendas, há uma fórmula para criar uma promessa rentável. Nesse caso, uma fórmula de quatro partes. 1) O desafio; 2) O prêmio; 3) O tempo; e 4) O exterminador. Vamos analisar cada uma.

PARTE UM: O DESAFIO

Primeiro, trate das dúvidas e das preocupações de como o cliente pode conseguir o que quer. Quando alguém olhar esse produto, enquanto você fala: "Ei, isso aqui vai trazer o resultado que você quer", ele vai pensar: *Ok, mas o que preciso fazer para conseguir esse resultado?* Seu trabalho é entender o que as pessoas querem, mas consideram uma dificuldade: ou seja, é um obstáculo ou desafio. O resultado é o que os clientes veem do outro lado. É quando conseguem o que querem. Para entender esse obstáculo, preste bastante atenção às palavras de ações que usam. Em 99% das vezes, o desafio é uma ação que precisa ser tomada.

Sejam quais forem as palavras-chave do seu público-alvo, elas são significativas. Preste atenção às diferenças. Por exemplo, "como jogar uma bola de golfe", "como acertar uma bola de golfe", "como dar uma pancada na bola de golfe". Ou "como conhecer mulheres lindas", "como namorar mulheres lindas", "como encontrar mulheres lindas". Está vendo o desafio, a ação? A habilidade de entrar em ação para conseguir o resultado é o impedimento. Essa ação gera uma imagem mental. As pessoas visualizam melhor as ações porque elas envolvem movimento, e 80% do nosso cérebro foca em lidar com o que vê. Segundo, processa-se movimento com seu hardware óptico, seja imaginando, seja vendo. Por isso, quando se vê um movimento de canto de olho, vira-se a cabeça. Está na sua programação cerebral fazer isso.

Queremos provocar imagens mentais que chamem atenção. Então: "Como fazer ou conquistar algo." O cliente quer receber essa resposta de bandeja. Como **conseguir, ter, reivindicar, escrever, publicar, criar, usar, acessar**. O que ele quer fazer? Qual ação ou verbo ele deseja? *Como perder quinze quilos. Como pintar sua casa. Como adestrar seu cachorro. Como ensinar seu filho a usar a privada.* As ações são os desafios.

PARTE DOIS: O PRÊMIO

O prêmio é o que a pessoa quer. Também conhecido como o resultado que você deseja a partir daquela ação do passo anterior. Por exemplo:

- Você quer seu e-book incrivelmente lucrativo e seus gordos cheques de direitos autorais.
- Você quer um relacionamento apaixonado.
- Você não quer mais sentir dor nas costas.
- Você quer jogar golfe como um profissional experiente.

Preste atenção nas palavras-chave que seu público-alvo usa. Alguns exemplos:

- Como acertar a bola igual ao Tiger Woods.
- Como bater na bola feito o Arnold Palmer.
- Como golpear a bola de golfe como um profissional veterano.

Para alguns públicos, Tiger Woods é mais familiar que Arnold Palmer. Entenda as palavras usadas na hora de criar e usar a fórmula para gerar suas promessas lucrativas.

PARTE TRÊS: O TEMPO

Responda à pergunta: "Quando vou ter o que eu quero?" Basicamente, muitos de nós são como crianças de 5 anos esperando o Papai Noel. Embora sejamos adultos, nossa criança interna está gritando: "Bom, quando vou ganhar o que eu quero? Quando ele vai aparecer? Preciso esperar muito? Quero agora!"

O timing é a parte da fórmula em que você estipula um período de tempo que responda à pergunta: "Quando vou ter?". Daqui a uma hora, uma tarde, um dia, um fim de semana, uma semana? Quanto tempo vai demorar? Há duas maneiras de apresentar o tempo. Primeiro, mostre quanto tempo o cliente vai demorar fazendo sozinho. A chave é tornar quase inacreditável, mas dentro do limite da possibilidade, de modo a transformar o cliente no único culpado caso não o faça.

Exemplos:

- Tempo: Escreva um livro de cem páginas em uma semana.
- Escrever um livro de cem páginas em sete dias é muito possível. A tarefa pode ser realizada em dois ou três dias se você sentar e fizer, mas, se não escrever, é porque você não fez o serviço direito.
- Tempo: Crie um livro de verdade para o Kindle em noventa minutos.
- Criar um livrinho para Kindle em uma hora e meia é possível com tecnologia e estratégia, se você souber o que está fazendo.

A segunda maneira de apresentar o tempo é dizer quanto tempo leva para ensinar o cliente a alcançar o prêmio. Por exemplo:

- Como melhorar sua tacada de golfe em duas sessões de trinta minutos.
- Como melhorar seu inglês em uma hora.
- Me dê dezessete minutos e vou lhe mostrar como começar uma conversa com a mulher mais linda do lugar.

O componente do timing pode ser quanto tempo leva para fazer ou para ensinar ao cliente.

PARTE QUATRO: O EXTERMINADOR

O exterminador libera os clientes da culpa, ou seja, não é culpa deles que ainda não tenham aquilo que querem. Todo mundo coloca barreiras mentais para justificar o que os impede, como obstáculos, ações dolorosas, falta de conhecimento do passo seguinte ou outras supostas barreiras. Vai demorar muito, custa caro, é difícil, não sei fazer. Se não eliminar a desculpa que os clientes tenham, você está ferrado.

As desculpas resultam de esforço, dor ou fracasso passados. Pode muito bem ser culpa deles que não tenham conseguido o resultado, mas você não pode falar isso, pois eles vão ficar bravos e na defensiva. Lembre-se de **nunca** falar que a culpa é do cliente. Repito: **em nenhuma circunstância fale que a culpa é dele por não conseguir o que quer.** Sim, eu sei que o motivo principal de as pessoas não perderem peso é não conseguirem parar de comer o cheeseburger, mas eu não falo isso. Eu falo: "Não é sua culpa que mentiram para você sobre a interação entre carboidratos, proteínas e vegetais. Se apenas mudar sua estratégia na alimentação, você perderá peso." Quando o assunto é copy de vendas, a culpa nunca é do cliente. Jamais. Não esqueça.

A última parte da fórmula obriga você a preparar uma oferta melhor. Você precisa remover o que impede a pessoa de comprar e, assim, conseguir fechar a venda. E, se você remover o empecilho, a oferta será incrível, pois essa fórmula o obriga a pensar com criatividade.

Vamos olhar um exemplo rápido que reúne quase tudo: "Como escrever e publicar seu e-book superlucrativo em apenas sete dias." A proposta tem três partes, mas falta o exterminador. O leitor fala: "Ah, que legal, mas não sou escritor, não serve para mim."

Então, acrescentamos um trechinho ao final: "... mesmo se não souber escrever nem digitar e tenha reprovado em língua portuguesa na escola." Aí está o exterminador. Olhe o uso de "mesmo se" ou "mesmo se não" para eliminar a culpa. Ou pode acrescentar a frase "sem _____" e você tem: "Como escrever e publicar seu e-book superlucrativo em apenas sete dias sem digitar uma única palavra."

Então, quaisquer que sejam a dor, o esforço, as ações difíceis que o cliente aguardava, retire-os do caminho, para que digam: "Oh, caramba. Então não preciso sentar e digitar tudo? Não preciso sentar e escrever? Não preciso me matar na frente da tela? Ok, tô na escuta!"

Há algumas promessas impactantes que você poderia acrescentar. A primeira é a promessa de grana, mas cuidado com essa. "Ganhe cem reais a mais por dia", "Como ganhar mil reais como _____ ou com _____ ou fazendo _____." E você pode perdoar erros passados. "Mesmo se você já tenha tentado antes"; "Como escrever e publicar seu e-book superlucrativo em apenas sete dias, mesmo se seu último livro tenha sido um fracasso." Ou "Mesmo se odeia escrever e digite catando milho."

O segundo é com o tempo. "Em menos de uma hora", "Em no máximo sete dias."

O terceiro modifica o valor. "Por menos de 50 reais", "Pelo valor de um cafezinho", "Pelo preço de uma pizza por mês." Use esse reforço de forma que pensem: "Puxa, pelo preço de uma pizza por mês eu consigo isso? Tô dentro!"

Bem, em que nichos essa fórmula funciona? Para qualquer um que tenha um problema a ser resolvido ou um desejo intenso. Você não precisa usar os elementos nessa ordem, mas deve tentar colocar em títulos, chamadas e promessas. O mais importante é saber o que o cliente quer e sua dor número um.

Vamos ver alguns exemplos:

1. Namoro. "Como usar sites de namoro para encontrar o amor da sua vida em trinta dias sem perder tempo com as pessoas erradas." "Como usar apps de namoro para encontrar o amor da sua vida e

gastar apenas o valor de uma pizza para isso." "Como usar sites de namoro para encontrar o amor da sua vida em trinta dias mesmo que essa história de namoro on-line nunca tenha dado certo para você."

2. Mercado imobiliário. "Como usar o site XPTO para fazer negócio rentável em três dias, não importa em que lugar do mundo você viva. Só precisa de internet e vontade de ganhar dinheiro." "Como usar o site XPTO para fazer negócio em três dias, mesmo que nunca tenha comprado uma casa antes." "Como usar o XPTO para fazer negócio em três dias, mesmo sem dinheiro para investir."

3. Terapia de casal. "Como conversar com seu cônjuge e salvar seu relacionamento em 15 minutos, mesmo que já tenha tentado de tudo antes." "Como conversar com seu cônjuge e salvar seu relacionamento em 15 minutos, mesmo que seu casamento anterior tenha acabado em divórcio."

4. Adestramento. "Sete truques legais que qualquer cachorro pode aprender em uma semana. Divertido, rápido e sem estresse."

A questão é que, quando usar as quatro partes – desafio, prêmio, tempo, exterminador –, para ticar todos os itens que seu prospecto precisa antes de comprar, você cria ofertas irresistíveis que tratam de tudo que os impede de agir.

RESUMO

- A promessa que você fizer no seu copy de vendas afeta diretamente a quantidade de compradores.
- Quando fizer uma promessa incrível (e cumpri-la), suas vendas vão bombar.
- Inclua cada parte da fórmula, pois cada uma delas trata de um ponto crucial no processo de decisão do prospecto.
- Nunca, JAMAIS, diga que a culpa pelo fracasso é do cliente.

SEGREDO #23

PASSE BATOM NO PORCO

"Ninguém lê anúncios. As pessoas leem o que as interessa.
Às vezes, é um anúncio."
HOWARD GOSSAGE

Como melhorar um copy ruim? Nem sempre dá. Melhor começar do zero. Às vezes, você se matou e o resultado é simplesmente péssimo. Deixe para lá.

No entanto, de vez em quando dá para passar batom no porco, e ele vira uma belezura.

O que fazer com um copy que não está funcionando? Questione-se sobre uma série de pontos. Veja se esqueceu algo que prejudica a performance do copy.

OLHE A CHAMADA

- Você tem uma chamada? Você ficaria surpreso em saber quanta gente não tem. Por que raios alguém não teria uma chamada? É a primeira coisa que se vê. Podem ser as primeiras palavras que saem da sua boca em um vídeo. Você ficaria surpreso em saber quanta gente não tem algo que nem se assemelhe a uma chamada.
- A chamada trata de você ou do público? Uma vez, fiz uma chamada sobre como passei de um trailer para uma mansão. Achava incrível. Foi um fracasso! Quando mudei para "Como sair na frente na vida e nos negócios", as vendas aumentaram 500%.

- Há uma promessa ousada ou um grande benefício? Sempre dá para criar uma chamada que leve as pessoas a pararem o que quer que estejam fazendo. Um bom exemplo é dizer algo como "Sexo!" ou "Emergência!". O problema é que essas vão fazer as pessoas erradas pararem. Então, elas param, leem e ficam bravas por não ter nada a ver com elas (ou com sexo). Essa promessa ou benefício vai atrair as pessoas certas?

A OFERTA ESTÁ CLARA?

- O comprador entende o que vai receber? Está claro? "Você vai receber x, y e z."
- Como ele vai receber? Download? Chega amanhã? É um produto físico? É eletrônico? É um curso? O que é?
- Quando vai receber? Instantâneo? Amanhã? Na semana que vem? Uma vez por mês durante doze meses? Sob demanda?
- Quanto custa? Se o cliente não consegue descobrir o preço com facilidade na mensagem, pode desistir por suspeitar que você possa estar de enganação.

HÁ UM MOTIVO CLARO PARA COMPRAR?

Há um motivo claro para comprar agora? A oferta pode ser a melhor do mundo, mas, se não houver urgência, o cliente não compra. Tradicionalmente, há três maneiras de fazer o cliente fechar a compra na hora:

- Bônus. Se fecharem a compra agora, levam um monte de bônus.
- Prazo. Comum em grandes lançamentos. Sexta-feira, a oferta acaba. O problema surge quando, na terça seguinte, eles falam para você que o colega mandou e-mail: "Ei, por favor, libera pro meu pessoal só por 24 horas?" E pensam: "Não é justo. Preciso abrir para todo mundo. Se perdeu ou esperou, tem mais 24 horas." Se fizer isso, acabou a integridade.

- Quantidades limitadas. Faca de dois gumes. Você tem uma oferta de alta performance, mas é quando a quantidade limitada acaba que se vê sua integridade. Se magicamente aparecem mais produtos e a oferta continua, vão perceber que você mentiu.

Quando lancei meu primeiro produto sobre como criar seus próprios produtos multimídia, aprendi uma lição importante sobre prazos. Em 2003, fui um dos primeiros do mundo a mostrar como criar conteúdo e salvar em um CD ou disponibilizar na web. Foi coisa fina, com captura e vídeo. Ganhei o suficiente para comprar minha casa.

Quando chegou o prazo em que eu havia prometido parar de vender, eu fiquei chateado. Minha esposa perguntou: "Que foi?", e eu disse: "Tenho uma oferta perfeita e um produto incrível. E nunca mais vou poder vendê--lo. Para manter minha integridade, eu precisava respeitar o prazo e nunca mais vendê-lo.

Aprendi minha lição. Quando lancei meu produto seguinte, não usei prazo nem quantidade limitada. Em vez disso, usei o medo de ficar de fora, um motivo muito melhor para comprar já. Esse produto gerou cerca de 5 milhões de dólares porque não fui idiota de colocar prazo. É um pouquinho mais complicado, mas se conseguir incorporar o medo de ficar de fora no seu copy, você vai se sair melhor.

Como usar essa técnica? Use o que se chama *Ponte para o futuro*. "Ei, se não comprar isto, vai acontecer o seguinte: não vai ter isto nem aquilo. Você não terá a capacidade de (x, y, z)." E, se colocar três, quatro, cinco motivos pelos quais quem esperar vai se dar mal, você não precisará depender de coisas como prazo ou quantidade limitada. Você vai se dar melhor por mais tempo.

HÁ UM IMPULSO EMOCIONAL NO COPY?

Você tem uma emoção para conquistar logo de cara? Pode ser medo, desejo, curiosidade, dor, prazer, satisfação ou insatisfação (ao falar de problemas).

Seu copy precisa estar permeado de emoção, a qual você proporciona com circunstâncias, seja das quais o cliente queira se livrar, seja das que você queira criar; seu copy pode levar na direção de algo ou para longe dele; o cliente persegue algo ou foge de algo. De todos os modos, precisa haver um componente emocional no copy.

Então, se seu copy não está obtendo uma boa performance, você precisa olhar para ele e dizer: "Algo aqui fisga as pessoas emocionalmente, além da promessa de ganhar dinheiro?" E nove em cada dez vezes, pela minha experiência, as pessoas compram pela insatisfação com as circunstâncias atuais.

As pessoas podem ser impulsionadas, ou ao menos motivadas, pelo que querem, mas o que afeta mais é a insatisfação. Pois, se as coisas estão boas, elas ficarão sentadas, sem agir, até que doa o suficiente para terem que mudar.

Então, lembre-se disto: em 90% das vezes, compra-se por insatisfação com as circunstâncias atuais. Isso gera impulso de compra.

SEUS BULLETS SÃO UMA PORCARIA?

Seus bullets incitam a curiosidade ou são chatos, sem graça, parecem um manual? Leia o Segredo #9 outra vez. A questão é: eles trazem características ou benefícios? Bullets devem criar desejo e curiosidade que levem o cliente à ação de colocar o número do cartão e comprar.

E O PREÇO?

O preço é muito alto em relação ao que o concorrente cobra? Ora, isso não significa que você não deva cobrar um valor premium se sua oferta assim justificar. Em contrapartida, seu preço é baixo e cria a percepção de ser barato demais?

Pense. Por exemplo, se tiver um curso por 97 reais sobre mercado de ações para quem quer trabalhar de casa, você pode vender muito bem. Seu preço é bem diferente do que se você estivesse focando em investidores experientes. Se eles virem um produto desse preço, dariam risada e nem perderiam tempo. Barato demais, não vale o tempo deles. Então, o preço pode ser alto demais ou barato demais. Como saber? Testando.

Quando olhar seu preço, pergunte-se sobre o valor. Parece um ótimo negócio? Parece: "Uau! Que oferta incrível. Preciso comprar antes que subam o preço."

Eu aprendi o conceito de vender um real por dez centavos com Marlon Sanders. Na mente do prospecto, sua oferta aliada aos seu bônus devem ter o valor dez vezes maior do que o preço. Dez parece ser o número mágico.

Agora, seja dez para um, vinte para um, cinco para um ou treze para um, não importa. A sensação deve ser de comprar reais por centavos. Pense assim: se alguém oferecesse "Vou te vender quantos reais você quiser por dez centavos cada. Quantos você quer?", sua resposta seria: "O máximo possível." Essa é a sensação que você almeja passar.

Se seu preço é 97, precisa dar mil de valor demonstrável. Reais por centavos. Se estiver cobrando mil, a sensação de valor deve ser de 10 mil.

Como eu disse, nem sempre é dez para um, mas tem que passar a sensação de fantástico, autêntico e real. Se seu copy não está performando, pode ser o preço ou o valor percebido que não estão onde deveriam estar.

VOCÊ ESTÁ USANDO IMAGENS E CORES CORRETAS?

Suas imagens acrescentam à mensagem? Nem sequer tem imagens? Se sim, elas aumentam a emoção, distraem as pessoas, fazem-nas se sentir mal sem saber por quê?

Cuidado com as cores. Elas combinam ou parecem uma viagem psicodélica? O site é feio de doer? Melhor um site simples, básico, do que um que ofenda a visão.

Use imagens de forma adequada. Cada ponto ou ideia importante deve ser acompanhado de algum tipo de imagem.

E A PROVA?

Pode ser que não estejam acreditando em você. Você tem provas a respeito de suas afirmações? Sempre que afirmar algo, precisa ter algo para comprovar. Pode ser um testemunho, um estudo de caso, estatísticas ou o apoio de um especialista. Sempre que as pessoas pensarem: "Hum, sei não, duvido", ou algum espertalhão gritar: "Então, prova!", você tem que sacar a validação de terceiros para demonstrar ao cliente que a oferta é verdadeira e que seu produto ou serviço funcionam.

A prova pode ser capturas de tela, fotografias de antes e depois com perda de peso, extratos bancários e contratos, mas você precisa ser cuidadoso e genuíno para não ser investigado pelo serviço de proteção ao consumidor.

Atenção: se estiver na área de investimentos, perda de peso, qualquer coisa que envolva saúde ou dinheiro, você precisa ser duplamente cauteloso com suas afirmações e usar os avisos legais adequados. Qualquer foto ou testemunho precisa ser 100% correto. Se você estiver em uma situação que precise comprovar, mas não conseguir, sua imagem vai ficar manchada.

Essas são algumas das várias maneiras de passar batom no porco: se não resolvem tudo, são um bom começo.

RESUMO

- Se seu copy não está performando, tente passar batom nele. Confira a lista e não deixe nada de fora.
- O ponto número um é testar a chamada (supondo que você tenha uma) para ver como ela afeta a conversa.
- Certifique-se de que sua oferta esteja muito clara e que o cliente saiba o que está fazendo.
- Tente vender reais por centavos para ver se pode melhorar a performance do copy.

SEGREDO #24

DEVO ME UNIR AO LADO SOMBRIO DA FORÇA?

"O copy não cria o desejo por um produto. Ele apenas pega esperanças, sonhos, medos e desejos que já existem no coração de milhões de pessoas e foca esses desejos preexistentes em um produto em particular. Esta é a tarefa do copywriter: não é criar esse desejo em massa, mas redirecioná-lo."
EUGENE SCHWARTZ

Há duas maneiras de seu copy ser negativo. Uma boa e uma ruim.

A boa maneira de ser negativo é encontrar-se com as pessoas em suas conversas internas. Falar de seus problemas, erros, medos e inimigos (reais ou supostos). Você avisa sobre eventos e conselhos adversos. Usa o negativo na mente deles para entrar em sintonia. Porque, até que estejam em sintonia, eles não vão prestar atenção.

Vamos olhar alguns exemplos. Quais problemas os adestradores de cães têm? Talvez arranjar mais clientes. Um negativo poderia ser: "Está com dificuldades em arrumar bons clientes para seu negócio de adestramento de cães?", "Está lidando com clientes problemáticos?" Abra com uma negativa desse tipo.

E investidores imobiliários? Qual negativa usar? "Dificuldades para arranjar bons negócios?", "Sem dinheiro para a entrada?", "Crédito ruim na praça?", "Seu crédito ruim está te impedindo de fechar bons negócios?", "Você encontra um negócio mas não consegue financiar?" São negativas para entrar na conversa que há na mente desses prospectos.

E médicos? "O seguro está acabando com seu lucro?" Uau, essa é para pensar. Talvez o médico esteja tendo problemas com a equipe. Talvez com a satisfação da clientela. "Os convênios estão atrasando ou diminuindo os pagamentos?"

E para os hackers de funil? "Tráfego insuficiente?", "Anúncios não convertem?", "Problema com a montagem do funil?"

Use o negativo para entrar em sintonia com alguém. Assim que sintonizar, transicione para a solução. Ninguém se importa com a sua solução até ficar sabendo que você se importa com o problema. Há um adágio que diz: "Ninguém se importa com o quanto você sabe até saberem o quanto você se importa." Essa frase pode ser velha e acabada, mas ainda faz sentido. Ainda mais com copy de vendas on-line.

Assim que souberem que você presta atenção, pois dá bola para o problema, é hora de demonstrar a solução. Explique como seu produto previne erros. A prova espanta as inseguranças. Mostre como derrotar os inimigos. Sejam reais, sejam imaginários, para o cliente eles são verdadeiros, e só isso importa. Então forneça um mapa de fuga ou uma vacina para os eventos adversos futuros.

Essas são negativas excelentes para incluir no conteúdo do seu copy e na sua comunicação. São como anúncios de serviço público. Pense dessa forma: "Estou ajudando vocês a evitarem problemas, a superarem obstáculos. Respondo às questões que impedem vocês de prosseguir." Você está fornecendo um serviço público para seu prospecto, seja pelo copywriting, seja por vídeos, seja por conteúdo.

Então, essa é a maneira boa de usar um negativo. Use o ruim para sintonizar com o momento do seu consumidor em potencial.

Vamos olhar para os negativos ruins. E, inclusive, um negativo ruim não vira positivo. O melhor exemplo do que não fazer é qualquer anúncio que use ataque político que você tenha visto. Esse tipo de anúncio que xinga cria um ambiente tóxico para todos. Você pode pensar: "Nunca faria isso no meu negócio." Maravilha, mas eu já vi gente fazendo, e é danoso.

Conclusão: nunca ataque abertamente uma pessoa. Você pode atacar comportamentos. Pode dizer: "Sabe, eu já vi pessoas fazendo isso e não acho certo. Aqui está o porquê e o que fazer em vez disso." Pode atacar resultados se não fizerem sentido ou forem prejudiciais. Por exemplo, um quiropata vê alguém ensinar determinado exercício a um paciente que pode lesioná-lo. Chame atenção para a situação.

Também pode atacar um método. "Por que continuar agindo assim, como no século passado, se fizemos enormes avanços na tecnologia, que facilitam muito a conquista dos resultados? Pare de fazer as coisas à moda antiga; comece a fazer do jeito novo."

Pode atacar comportamentos, resultados, métodos, mas nunca ataque uma pessoa ou empresa. Nunca mencione nomes. Não vale a pena. Gera problemas. Em 90% das vezes, dá dor de cabeça.

Agora, veja o que *não* quero dizer com não falar algo negativo. Parece um negativo triplo. Não significa deixar tudo superpositivo. Há uma personagem conhecida da ficção chamada Pollyanna, que sempre vê o lado positivo de tudo. Era tão boazinha que dava vontade de esganar. A menina caiu do terceiro andar, quebrou as costas e ainda via o lado bom. Não queremos cair nessa armadilha. Não vai ressoar com o público.

E se estiver em uma situação que você precisa comparar com alguém? Ainda mais se for alguém que pode estar fazendo algo prejudicial a outros? Diga algo nessa linha: "Alguns dos nossos concorrentes vão dizer _____, mas não é verdade. Os fatos são estes: _____." Não mencione nomes. Por exemplo: "Alguns dos concorrentes dirão que tudo bem usar uma corrente enforcadora para treinar cachorros grandes, mas não é verdade. A verdade é que _____", "Alguns dos nossos concorrentes vão te falar para usar um serviço terceirizado de envio de e-mails, mas não é uma boa ideia. O fato é que _____", "Alguns concorrentes dizem que possuem uma alta taxa de entrega, como nós, mas não é verdade. Os fatos são _____."

Essa é uma maneira de "atacar" seu concorrente. Sem mencionar o nome de ninguém, diga: "Olha, isso não é verdade." Ou diga: "Pode ter visto alguém dizendo _____, mas não é verdade. Veja o porquê", "Tem gente que cobra extra para _____, mas não achamos isso correto", "Pode já ter notado que alguns mandam pagar um serviço extra de e-mail, mas isso não é certo." Você está mandando a mensagem, mas é uma indireta, que termina com a conclusão de que comprar o seu produto é melhor.

Qualquer que seja a experiência do público-alvo, você pode focar no negativo sem confrontar, combater ou atacar pelo nome.

Lembre-se: dá para usar o negativo sem se juntar ao lado sombrio da Força. Use o negativo para sintonizar o cliente na sua frequência. Você pode sempre atacar comportamentos, ideias, práticas, mas nunca, jamais, nomes.

RESUMO

- Há um jeito bom e um ruim de usar coisas negativas.
- Use o negativo para se sintonizar com as pessoas e suas conversas internas.
- Nunca use o negativo para atacar pessoas ou empresas pelo nome. Não vale a pena, e o tiro sempre sai pela culatra.

SEGREDO #25

CONVERSÃO "FURTIVA" – O SEGREDO PARA VENDER SEM VENDER

"Encontre aquele segredo intenso do coração de milhares de pessoas que estão buscando satisfazê-lo neste exato momento."

EUGENE SCHWARTZ

SEGREDO

Não seria incrível transformar qualquer conteúdo, vídeo, artigo, chamada, recorte ou o mais simplório tuíte em um agente secreto de vendas? Claro, né? Dá para vender sem vender? Como colocar vendas em conteúdos informativos que não sejam necessariamente orientados para a venda? A resposta está na Conversão Furtiva (também conhecida como Conversão Columbo).

No seriado *Columbo*, o personagem principal era um detetive policial que investigava homicídios e outros crimes horrendos. Ele parecia humilde e bobo, então ninguém o levava a sério. Os bandidos não o consideravam uma ameaça, apenas um inoportuno. Em todos os episódios, os malvados sempre achavam que tinham levado a melhor. Nos últimos cinco minutos, Columbo aparecia, perguntava algumas coisas, fingia que tudo estava bem, aí dizia: "Ah, por falar nisso, o que aconteceu com aquele copo vazio em cima do balcão?", ou coisa do tipo. A guarda da pessoa estava baixa, então, respondia à pergunta condenatória.

A Conversão Columbo é um jeito de se manter fora do radar. Quem olha anúncios, levanta a guarda. Conscientemente ou não, pensam: *Esse*

*cara quer me vender algo. Preciso tomar cuidado, porque sempre acabo com-
prando. Aí minha esposa me dá bronca porque gastei demais. Preciso tomar
cuidado. Não vou comprar nada, só olhar.* O radar antivenda é ativado. Uma
Conversão Furtiva é uma maneira muito sutil de direcionar alguém para
onde você quer, sem que a pessoa perceba.

Costuma-se iniciar uma Conversão Furtiva com estas três palavras:
"por falar nisso". Segue um exemplo real de um e-mail teaser que mandei.

> *Assunto: Ei, [primeiro nome], a imagem perfeita.*
>
> *Aqui é o Jim Edwards, com um artigo que será publicado na minha
> coluna amanhã, mas você já pode ler hoje. Se você faz websites,
> minisites, sites de conteúdo, brochuras, flyers, capas de e-books,
> artes de redes sociais ou qualquer coisa que necessite de ima-
> gens, este artigo traz informações excelentes, que te ajudarão a
> economizar tempo e dinheiro.*
>
> *Por falar nisso, ainda dá tempo de se inscrever no Workshop
> Segredos do Vídeo para a Web, em Los Angeles, que acontece
> na semana que vem. Confira todos os detalhes em websitevideo-
> secrets.com.*

E o que o workshop tem a ver com a coluna? Nada, mas eu tiro o
negócio da cartola depois de valorizar.

Uma Conversão Furtiva também funciona no P.S. Outro exemplo:

> *Tenho um artigo para você sobre como as pessoas estão vendendo
> mercadoria roubada no eBay, tome cuidado.*
>
> *P.S.: Ainda temos algumas vagas no Workshop Segredos do Vídeo
> para a Web, em Atlanta, dias 5 e 6 de abril. Se quiser descobrir
> os segredos para elaborar vídeos que geram tráfego, cliques e
> comissões generosas, clique aqui para mais informações.*

Então incluí o link. Novamente, dei um giro. É um golpe de jiu-jítsu.
A pessoa chega buscando uma coisa, você dá um passo para o lado e ela
é golpeada.

E como funciona?

Há duas partes. Na primeira, você oferece algum valor. No exemplo acima: "Tenho aqui um artigo legal, um vídeo, um qualquer coisa." Então, no passo dois, você convida o leitor para prosseguir a outro nível com um "e por falar nisso".

Onde usar a Conversão Furtiva para obter os melhores resultados? Funciona excepcionalmente bem em e-mails teasers. Com frequência, envio o e-mail com algum conteúdo só para fazer a Conversão Furtiva. O conteúdo de valor que ofereço é o pedágio para poder enviar a Conversão Furtiva. É uma conversão diferente do anúncio de patrocínio ou de um display que grita: "Ei, anúncios aqui. Pode me ignorar." A diferença é que é praticamente impossível separar a Conversão Furtiva do resto da mensagem, e esse é o propósito.

Você também pode usar a Chamada Furtiva verbal ou textual. Primeiro, entregue conteúdo de valor; depois, dê o golpe para conseguir uma inscrição, uma venda etc.

Você também pode usar esse tipo de fechamento em artigos. Ao final de um artigo comprido que publiquei, incluí: "Por falar nisso, se quiser vender mais, promover seus livros ou criar um conteúdo incrível para entrevistas, o Expert Interview Wizard ajuda a produzir tudo de que você precisa para criar e promover entrevistas incríveis e lucrativas em no máximo 5 minutos. Conheça a versão de teste gratuita e garanta o preço especial por tempo limitado. Acesse: interviewwizardspecial.com."

Na superfície, parece um anúncio? Não. Só muda de assunto, do conteúdo para a ação desejada. Além disso (e essa é importante): não está formatado de maneira diferente do resto do material. Anúncios com cara de anúncio gritam: "Ei, não sou conteúdo."

Também dá para fazer em postagens de blog. Em uma postagem sobre produtos evergreen,*** eu ensinava como criá-los, fazê-los e por que tê-los. E então, a manobra:

*** Conteúdo "evergreen" (traduzido como "duradouro" ou "perene") é o conteúdo que não perde a relevância nem fica datado: continua a atrair público e a gerar conversão mesmo algum tempo depois de sua publicação. Produtos evergreen seguem a mesma lógica: vendem bem por tempo indefinido, porque continuam gerando valor para novos clientes com o passar do tempo e a demanda permanece razoavelmente inalterada apesar de mudanças no mercado. (N. E.)

Por falar nisso, uma das maneiras mais fáceis e úteis para criar um produto desse é entrevistando um expert. Seja você o expert ou entrevistador. Entrevistas são fáceis de produzir, e podem ser publicadas sob qualquer forma (livros, e-books, vídeos, webinars, cursos e mais). Entrevistas são canivetes suíços do mundo da criação de produtos informativos. Mais uma coisa: se quiser vender e promover mais...

E eu formatava como o resto da postagem no blog.

Você pode usar Conversão Furtiva nos livros do Kindle. Dá para usá-la sempre que citar uma fonte em livros comuns ou digitais. Dá até para fazer logo no início do livro, para conseguir mais assinantes, incluindo os que não vão comprar. No começo, tenha uma página que diga: "Por falar nisso, se quiser uma versão gratuita em audiobook, confira meu site e peça sua cópia já."

Este é um exemplo ótimo de como alavancar o copy onde não se espera copy.

O formato também funciona para posts do Facebook, vídeos do YouTube, do Pinterest ou de qualquer lugar onde você compartilhe conteúdo. Esse método também funciona bem em lives. Termine cada vídeo com um "por falar nisso" e os direcione para algo que lhe dê dinheiro ou garanta uma inscrição. Quando você pegar esse hábito, ficará fácil e eficiente.

POR QUE USAR CONVERSÕES FURTIVAS EM VEZ DO CHAMADO À AÇÃO DE SEMPRE?

Porque o típico chamado à ação é assim: "Clique aqui agora para _____." Não há nada de errado com isso. Funciona bem nas circunstâncias certas, mas as pessoas também já estão cientes do que vem pela frente. Elas sabem: "É aqui que passam do grátis para venda. Ele vai querer que eu assine alguma coisa agora." Não me entenda mal. Ganhei milhões de dólares com a frase "Clique aqui agora para _____." Ela tem seu lugar nas cartas e páginas de vendas, onde o prospecto sabe que está em uma situação de venda.

NÃO ENTRE

E se o prospecto não sabe que está em uma situação de venda, não quer estar ou não quer sair do Facebook, onde está ganhando um monte de conteúdo gratuito, e ser direcionado para um lugar onde vão querer lhe vender algo? É aí que a Conversão Furtiva entra, porque a guarda do seu prospecto está levantada. A Conversão Furtiva permite a você que abaixe a guarda dele. Usamos essa conversão para levar tráfego de conteúdo grátis para ofertas pagas. Não se usa Conversão Furtiva em uma carta ou um vídeo de vendas.

Vamos falar de como usar a Conversão Furtiva para levar tráfego de conteúdo gratuito a ofertas pagas. O passo um é ensinar algo, oferecer valor. Atraia com a promessa (e a entrega) de valor. Dê dicas. Meu chapa, Mike Stewart, gosta de chamá-las de "Você sabia?": "Você sabia que há três maneiras de criar e publicar seu e-book sem escrever? É sério. Aqui estão."

Resolva problemas. "Ei, está encontrando dificuldade em fazer sua capa de e-book? Tá resolvido. Vou mostrar como conseguir uma capa maravilhosa por trinta reais."

Responda a perguntas. "Ei, já se questionou como eu vendo meu e-book depois de postá-lo na Amazon? Bom, um monte de gente já se perguntou a mesma coisa. Aqui estão cinco formas de responder a essa pergunta."

Então, o passo dois é dizer: "Por falar nisso, você sabia que _____? Bem, _____ e _____, é verdade. Confira." Exemplo: "Ei, por falar nisso, você sabia que o *3-Hour Kindle Book Wizard* vai te ajudar a criar e publicar seu e-book em menos de três horas? É verdade. Confira."

Ou: "Ei, você sabia que existe um software que em dez minutos fornece o template completo do seu livro para Amazon? É verdade, confira a demonstração aqui."

O que quer que você ensine, use o "por falar nisso" para contar onde encontrar esse benefício. Acrescente uma vantagem desejada, que combine com o ensinamento. A maneira mais fácil é se conectar com os dez motivos pelos quais as pessoas compram, que mostrei no Segredo #3.

1. Ganhar dinheiro.
2. Economizar dinheiro.
3. Economizar tempo.
4. Evitar a fadiga.
5. Fugir da dor física ou mental.
6. Ficar mais confortável.
7. Ficar mais limpo ou higiênico e, consequentemente, mais saudável.
8. Receber elogios.
9. Sentir-se mais amado.
10. Aumentar sua popularidade ou melhorar seu status social.

Espero que você veja como cada segredo ajuda o outro para melhorar seu copywriting.

Vamos tornar a Conversão Furtiva um hábito, porque é nela que você encontrará os lucros reais. Use-a sempre para receber os benefícios de maneira constante. A regra é: sempre que publicar algo, use o "por falar nisso".

Por falar nisso, sabia que pode fazer _____ com _____? Sim, é sério. Clique aqui para mais informações.

Por falar nisso, sabia que_____ pode te ajudar com _____? Sim, é sério. Clique aqui para uma demonstração.

Por falar nisso, sabia que ainda temos_____ disponíveis? Sim, é sério. Clique aqui para saber mais.

Por falar nisso, sabia que _____ está em promoção por _____? Sim, é sério. Clique aqui para saber onde conseguir seu desconto de 75%.

Conversões Furtivas podem ser a arma secreta mais poderosa do seu arsenal de marketing de conteúdo, porque quase ninguém conhece nem pensa nela. Todo mundo usa o golpe frontal de chamado à ação. O outro motivo para usá-las é que funcionam. Essa estratégia não aparece no radar dos prospectos, e você pode incorporá-la a qualquer copy sem que ninguém perceba.

Se estiver pensando: *Bem, se eu usar "por falar nisso" toda hora, as pessoas vão reconhecer e vai virar um anúncio normal.* Talvez, mas você pode mudar a frase: "Ah, antes que eu esqueça", "Ah, mais uma coisinha", "Ei, você sabia?", "Ei, você já notou?" São muitas as maneiras de dar o seguimento, fazer a Conversão Furtiva e, assim, conseguir resultados surpreendentes.

Há milhões de maneiras diferentes de usar a Conversão Furtiva. Comprometa-se a não deixar nada sem uma conversão, não importa o quanto pareça improvável. Quando você agir assim de forma consistente, verá uma transformação incrível no número de pessoas fazendo o que você quer que elas façam, como resultado de seu conteúdo.

RESUMO

- A defesa das pessoas contra vendas está sempre erguida.
- Conversões Furtivas ajudam a furar esse bloqueio.
- Comprometa-se a usar Conversão Furtiva em todo conteúdo, gratuito ou pago, para levar às ações desejadas.

SEGREDO #26

O CAPANGA

*"Se você acha caro contratar um profissional, não imagina
o preço que sai um amador."*

RED ADAIR

Aqui estão algumas verdades sobre a terceirização de copy de vendas. Não sou fã de terceirizar. Não que eu seja masoquista e ache que sentar e criar seu copy seja a coisa mais divertida do mundo.

Mas a verdade é que ninguém conhece seu produto melhor do que você. Ninguém conhece seu mercado melhor do que você. Então, metade do problema, metade do desafio, de contratar alguém para escrever seu copy é ter que ensinar tudo o que a pessoa precisa saber sobre seu produto e seu mercado para que possa escrever o copy.

Não dá para falar: "Deixa eu arrumar um copywriter especialista em orquídeas." E um bom copywriter precisa entender seu produto e seu mercado. Em 99,9% das vezes, a única maneira é ensinando.

Uma perspectiva externa pode ser boa de vez em quando, ainda mais se você não for um copywriter experiente. Se estiver apegado demais ao seu produto, uma pessoa de fora pode ajudar a ver a floresta em vez de uma árvore só.

No entanto, descobri que, se estiver buscando uma perspectiva externa, é mais útil contratar um copywriter bom e experiente para criticar o seu copy já pronto. Peça a ele que faça algo semelhante ao Segredo #23: Passar batom no porco. Ele pode rodar o checklist para encontrar o problema.

Para um profissional escrever o copy para você, ele vai fazer um monte de perguntas. Você precisará fazer ao menos uma extensa entrevista, se não mais, o que dá um trabalhão. Vocês precisarão se sentar e identificar o mercado, os benefícios, as vantagens, a motivação do público, o impacto emocional e o motivo para comprar, como fazer o cliente comprar imediatamente e o bônus dentro de um prazo etc.

Então, você precisa comunicar toda essa informação para outra pessoa que desconhece seu mercado e seu público. No fim, se o profissional fizer o serviço direito, vai devolver um copy com tudo o que você comentou de forma mastigada. Ele anota as ideias e as formata no swipe.

A questão é: você vai receber o que já sabe. Alguém vai pegar suas informações, formatar, devolver e cobrar mil reais, cinco mil, dez mil, quinze ou vinte mil reais.

Então, voltemos à questão: quando você deve fazer e quando deve contratar? Minha resposta honesta é que você deve ser capaz de escrever seu próprio copy, mas não precisa fazê-lo todas as vezes. Geralmente, você não fará quando não tiver tempo.

Justo. Tá tudo bem. Se você não tem tempo, deve ser porque está ganhando dinheiro com seu negócio e aí vale a pena contratar alguém para escrever o primeiro rascunho, mas você tem que ser bom de copy para avaliar e alterar o necessário para deixá-lo ainda mais efetivo para o seu público-alvo.

Esqueça o sonho de contratar um copywriter, mandá-lo escrever sua carta de vendas e, alguns dias depois, aparecer um roteiro ou uma carta mágica que vai dar a você muito dinheiro sem nenhum esforço da sua parte. Não vai rolar. Você vai trabalhar de um jeito ou de outro (e provavelmente gastar uma penca de dinheiro e tempo pagando pela lição, se ignorar este meu conselho).

Se quer terceirizar, veja como fazer direito.

Primeiro, teste com um projeto pequeno. Não contrate alguém por 1.500 reais para escrever uma carta de vendas de trinta páginas, a não ser que já o conheça, conheça seus resultados e tenha uma referência boa. Deus é uma boa autoridade; todo o resto é suspeito. Não cometa esse erro custoso. Em vez disso, contrate três ou quatro pessoas para um projeto pequeno. Peça que escrevam um e-mail teaser. Algumas chamadas, um parágrafo introdutório e um resumo da oferta. Observe se são capazes de entregar algo que faça sentido no seu mercado para o seu produto específico.

A segunda coisa é pedir o portfólio. Leia as amostras e verifique se foram eles que escreveram mesmo. Um segredinho sobre contratar copywriters: há diferentes níveis de profissionais. Quando contratar alguém barato, ele deve estar terceirizando para um estagiário. O estagiário cria, e a pessoa contratada repassa 30% do valor que cobrou de você para ele. Acontece direto também em criação de conteúdo. Essas pessoas estão apenas se aproveitando umas das outras.

Para ter certeza de que o trabalho foi feito por eles, pegue nome de clientes antigos. Converse com eles. "Ei, fulano de tal escreveu isto para você? Como foi? Entregou resultado?"

Cuidado para que não estejam usando algo padronizado, feito para outra pessoa no mesmo nicho. Uma coisa é swipe file; outra coisa é copia e cola! Uma maneira de conferir é usando o detector de plágio do Google. Cole um trecho e veja se aparece por toda parte. Se a mesma carta aparecer em vários lugares só trocando o nome da empresa ou do produto, você já sabe que é receita manjada. O tanto de gente que faz isso é chocante. Eles recebem o pagamento e já era. Não dá para fazer mais nada. Então, cuidado.

Terceiro: tenha em mente o tamanho do projeto. Testar alguém para escrever um e-mail é bem diferente do que para uma carta longa. O preço também será outro. Contrate pessoas diferentes para coisas diferentes.

O principal motivo para Russell Brunson e eu termos criado o FunnelScripts.com foi porque, assim que se compreende que copy é uma linha de montagem cujas partes são obtidas por meio de perguntas e respostas, usando fórmulas e roteiros testados e aprovados, nunca mais se olha para um copy da mesma maneira. Você passa a entender que isso é o que a maioria dos copywriters faz. Então por que não fazer por conta, ainda mais com uma ferramenta bacana e especializada para ajudar?

Quando receber o copy de volta de um copywriter profissional, será necessário fazer alguns ajustes. Não vai funcionar de cara. É um primeiro rascunho. Alguém precisará ler, trabalhar nele, ajustar, moldar e testar. Olha só todo o trabalho que você terá mesmo contratando alguém. Na maior parte dos casos, é mais fácil fazer sozinho.

RESUMO

- Contratar um copywriter não é tão fácil quanto parece.
- Teste com serviços pequenos primeiro.
- Mesmo com o copy em mãos, você terá trabalho.
- O que você receberá é um primeiro rascunho a ser editado.

SEGREDO #27

A MESA MÁGICA

"A primeira coisa que você deve entender é que precisa se tornar um 'estudante de mercados'. Não de produtos. Não de técnicas. Não de copywriting. Não de comprar espaço ou sei lá o quê. Bem, claro que essas coisas são importantes e você precisa aprender a respeito delas, mas a mais importante e primordial é o que as pessoas querem comprar."

GARY HALBERT

É um desafio que todos enfrentamos. Como sair da própria cabeça e entrar na mente dos prospectos? Quando estamos escrevendo copy ou conteúdo, é mais fácil observar o desenvolvimento das outras pessoas do que olhar para dentro do nosso próprio negócio. Em outras palavras, é bem mais fácil notar problemas e sucessos no copy dos outros do que no seu. O motivo é a proximidade. Não dá para sair da própria cabeça. Não dá para enxergar a floresta.

Vamos fazer um exercício bacana que ajuda a sair da própria cabeça e entrar na mente dos prospectos. Essa atividade funciona melhor depois da pesquisa de mercado. Não dá para tirar da cartola. Conheça seu avatar, o Fred, de quem falamos em abundância no Segredo #8. Faça este exercício apenas depois de definir o Fred por completo.

Aqui está como fazer a "mesa mágica", um exercício de visualização guiada: primeiro leia para entender. A técnica ajuda a entrar na mente dos prospectos, para saber o que pensam e, mais importante, como lhes dar exatamente o que querem na forma que querem e explicar tudo em termos que possam entender. Conforme fizer isso, peço apenas que mantenha a mente aberta. Será um pouco estranho, principalmente se você nunca fez exercício de visualização, praticou visualização criativa ou meditação antes.

Essa técnica produz resultados porque permite descobrir o que seu prospecto, seu chefe, parceiro, cliente ou leitor quer. Por que essa habilidade é crucial? Toda pessoa no mundo sintoniza a mente em apenas uma rádio, a OQEGCI, O Que Eu Ganho Com Isso. Sua capacidade de sintonizar nas estações de rádio dos outros tem um impacto significativo no seu sucesso ou fracasso. Não importa em qual situação você esteja, quanto dinheiro ganhe, quão feliz ou triste, não importa quais sejam seus objetivos, esperanças, sonhos ou desejos; não importa se quer mais dinheiro, amor, paz, felicidade, satisfação: é necessário satisfazer as necessidades dos outros do modo que eles queiram, para você também poder ter o que quer.

Satisfazer os desejos dos outros – emocionais, financeiros, espirituais ou que seja – da forma como eles querem é a maneira de conseguir o que você quer. Não o contrário. A questão é que para conseguir o que você quer, primeiro precisa saber o que os outros querem e lhes dar isso (ou vender, no nosso caso). Se quer mudar as circunstâncias econômicas, sociais etc. de sua vida, as outras pessoas têm um papel importante nisso.

O objetivo número um deste exercício é aumentar o nível de empatia com seus clientes ou prospectos e sintonizar na rádio OQEGCI deles. A palavra *empatia* é mal-empregada na maior parte das vezes. O dicionário a define como "experimentar sentimentos, pensamentos e atitudes de outras pessoas".

Algumas pessoas chamam de sintonizar. Empatia significa sentir e pensar a respeito de algo da mesma maneira que outrem. Ao aprender a entrar nesse estado empático rapidamente, sua capacidade de comunicação terá uma melhoria exponencial. Talvez você já tenha notado. Eu já. Quando estou perto de pessoas pelas quais sinto muita empatia, começo a falar como elas, com seus maneirismos e até sotaque, padrões de fala e de pensamento. Notei comigo há muito tempo, quando estava na faculdade, na república. Eu me pegava fazendo isso, mas não entendia por quê. Só entendi o poder de usar esse aspecto para motivar outros muito tempo depois.

Também tenho formação teatral. Ser capaz de empatizar com o personagem é importante no método. É o que queremos. Queremos que você atue tão bem no papel de consumidor que acabe se tornando o consumidor. Aí o consumidor nos conta o que quer com seus pensamentos, suas palavras, seus medos. Usamos essa informação para vender. É uma técnica poderosa, mas cuidado para não abusar. Aprenda a se sintonizar com o consumidor, o prospecto ou qualquer pessoa que você queira motivar. Se puder entrar na mente dele, poderá sentir seu medo e ajudá-lo a se sentir mais seguro com o que você tem a oferecer.

Se puder entrar na mente do cliente e sentir a dor, então saberá qual alívio ele busca. Se puder entrar na mente dele e sentir os problemas, poderá oferecer soluções úteis. Uma das coisas que muitos copywriters não compreendem é que, se identificarem a ganância emocional do cliente, algo que o cliente não quer admitir, eles podem oferecer algo a mais que o cliente queira comprar.

Este exercício vai ajudar você não só a entrar em contato com o que o cliente quer, como também com seus medos, dores, problemas e desejos mais secretos, para que você possa ajudá-lo a obter o que ele quer. Sua capacidade de fazer isso vai impulsionar sua capacidade de comunicação com esse cliente e motivá-lo a agir da forma como você quer.

Esse é o pano de fundo da técnica. O que a torna ainda mais eficiente é fazê-la depois de muita pesquisa sobre os prospectos. Você olhou os sites que eles frequentam. Leu as revistas. Assistiu aos mesmos programas de TV. Analisou as palavras-chave pesquisadas. Fez a pesquisa intelectual de seus prospectos, e sua cabeça está cheia de ideias, mas você ainda não consegue se conectar visceralmente com eles. O momento perfeito para fazer o exercício é depois dessa pesquisa. Quanto mais informações você tiver sobre o público-alvo, mais útil ele será. Como tudo, quanto mais você praticar, melhor se tornará.

Antes de começarmos, deixe o celular no modo avião. Feche a porta. Garanta que não será interrompido. Mantenha a mente aberta e relaxada. Deixe papel e caneta ou um gravador à mão. Eu prefiro um gravador, então uso um aplicativo de ditado no celular e deixo rodando. Há ideias que sairão do seu fluxo de consciência que precisarão ser gravadas sem interrupção de ficar ligando e desligando o dispositivo.

O motivo de eu preferir o gravador é que, quando você entra na mente do prospecto, acaba se surpreendendo com as coisas que saem de você quando começa a revelar o que essa pessoa quer. Você vai querer ser capaz de capturar todas essas ideias, porque, quando começar a falar, sairá logo do seu subconsciente e não vai querer deixar nenhuma parte desse trabalho de fora.

Anote questões específicas antes. É meio estranho, mas é como uma entrevista. Você não quer ficar se lembrando de perguntas depois. Quer saber o que o cliente teme, o que o empolga, seus problemas. Deixe essas questões prontas como guia.

Também ajuda escrever sua intenção. Por exemplo: "Minha intenção ao conduzir esta sessão é entrar em contato com os maiores problemas e medos do meu prospecto quanto a escrever seu próprio livro."

Sente-se em um lugar sossegado e feche os olhos. Deixe caneta ou gravador à mão. Tenha onde escrever ou a bateria do celular carregada. Então conte de 10 a 0. Agora, com os olhos fechados e a mente relaxada, sentindo-se completamente à vontade e seguro, visualize-se sentado em uma grande cadeira confortável, atrás de uma mesa enorme e ornamentada, feita de teca ou outra madeira tropical e exótica.

Do outro lado da sala, há uma porta. Por ela, entra seu cliente ideal. Ele está preocupado. Tem um problema que sabe que você poderá resolver, então veio consultá-lo, pois sabe que você entende seus desejos, suas necessidades, seus medos e seus desafios. Senta-se à sua frente. Ansioso, fala rápido. Ele está animado, e você, muito calmo.

Enquanto ele conta os problemas, o que precisa resolver, os desejos de seu coração, a voz dele começa a sumir. Você está se levantando, passando ao lado da mesa, ainda totalmente calmo. Tudo está calmo. Posiciona-se atrás da pessoa enquanto ela fala. Ao se aproximar, escuta a voz dela dentro de seus ouvidos e vê a visão dela pelos seus olhos. Então, entende que entrou na mente do prospecto.

Você escuta o que ele tem a dizer e vê a si mesmo do outro lado da mesa. Sente fisicamente o medo dele, seus problemas e seus desejos. É aquela coisa dentro de suas entranhas. Ainda sentado do outro lado, você começa as perguntas. Como está tão conectado a ele, as respostas saem de você. Você captura tudo no gravador ou anota no papel.

Algumas perguntas são:

- O que o amedronta?

- Se isso acontecer, como será?
- Se não temesse julgamento algum, como descreveria esse medo em palavras compreensíveis para qualquer um?
- Qual seu maior desejo neste momento?
- Que objetivos você tem para seu negócio ou para sua liberdade financeira?
- Se eu pudesse fornecer a solução, o que você precisaria ver ou ouvir para motivá-lo a comprá-la de mim?
- Que palavras você usaria para descrever o que vendo? Como eu poderia expressar de um modo com que você se identificasse mais?
- Quanto você quer o que eu vendo?
- Como posso fazer você querer mais?
- Quais objeções você tem ao que eu vendo e como posso superá-las?
- O que o impediria de conseguir os resultados que prometo?
- Qual seria a cereja do bolo para que você aproveitasse a oportunidade de compra?
- Quando vê meus concorrentes, do que você gosta, o que o anima, o que o leva a comprar deles?
- O que preciso mostrar ou provar para transformá-lo em consumidor?
- Qual é um preço justo para o que vendo?
- O que mais você pode me contar para que meu produto se torne mais atraente?
- Quais outros problemas ou preocupações você tem que eu possa não estar enxergando ou considerando importantes?

Quando terminar de perguntar, hora de encerrar a entrevista, mas não abra os olhos ainda.

Afaste-se lentamente do prospecto e aproxime-se de você. Flutue pacificamente de volta à sua cadeira. Ambos se sentam em silêncio, apenas se olhando, sabendo que foram sinceros, abertos e conectados.

A postura do prospecto mudou completamente. Está calmo, alegre e se sentindo melhor porque sabe que você fez um esforço real para entender seus problemas, desejos e necessidades. Então, ambos com sorriso no rosto, levantam-se e saem da sala.

De olhos ainda fechados, você retorna se sentido revigorado e calmo. 10, 9, 8 (mais acordado), 7, 6, 5 (mais revigorado), 4, 3, 2, 1. Abra os olhos.

Assim que completar o exercício, você terá informações e insights úteis. Eu tive revelações do tipo: "Meu Deus, eu estava interpretando tudo errado." Ou situações que uma inflexão, uma palavra, uma mudança de entonação mudou tudo. Nunca saí desse exercício sem alguma coisa para me ajudar a entender melhor meus prospectos e a ter mais empatia.

Você pode usar para compreender como cuidar das suas necessidades. Pode usar para criar um copy que fale direto ao coração dos clientes. Pode modificar seu comportamento para qualquer situação, principalmente nas redes sociais, onde as pessoas costumam ser bem irritantes. É bom conseguir ter empatia e, consequentemente, paciência.

Você poderá criar um webinar, um roteiro de telemarketing ou qualquer outro tipo de interação mais sintonizado com a mente do cliente. A compreensão do que ele quer vai aumentar e, consequentemente, as vendas do que ele quer. Se fizer isso, os insights valerão dinheiro, pois você poderá usar essas informações para motivar o cliente à ação. O ponto não é pensar: *Cara, que negócio estranho*, *Que bobagem* ou *Dá até medo*. Essa técnica é comprovada. Apenas faça. Não fique racionalizando.

Lembre-se de que toda conexão começa na sua mente. Para nós, que vendemos pela internet, pode parecer misticismo. Mas, se parar para pensar, você transmite pensamentos da sua mente de tela a tela. Esses pensamentos são o que leva as pessoas à compra, à ação. É tudo conexão, que começa na sua mente. É a sua mente. Pode jogar como bem entender. Se achar que o exercício é bobo e estranho, então será bobo e estranho para você e não vai funcionar.

Mas, se você se mantiver aberto, tentar ter empatia e visualizar pelos olhos do consumidor, o exercício vai ajudar a bolar chamadas e bullets, criar uma história, escrever uma carta de vendas ou o que você estiver querendo fazer para atrair as pessoas e fazê-las agir. Eu pratico direto.

Como diz o velho ditado: "Nunca julgue alguém sem estar no seu lugar." Agora você não só estará no lugar desse alguém, mas entrará na sua mente e descobrirá o que ele pensa.

RESUMO

- Com níveis maiores de empatia, o copy vai melhorar.
- Usar uma meditação guiada como essa vai ajudá-lo a sintetizar muita informação e dados pelos olhos dos prospectos.
- Se achar esquisito, o exercício não funciona. Faça de mente aberta, e os resultados vão mudar sua vida, é sério.

SEGREDO #28

O ÚNICO PROPÓSITO DE UM ANÚNCIO ON-LINE

"O único propósito de um anúncio on-line é fazer as pessoas certas clicarem e as erradas rolarem a página."

JIM EDWARDS

O único propósito de um anúncio on-line é interromper o que as pessoas certas estão fazendo e levá-las ao clique. (Eu poderia parar esse segredo por aqui e, se você levasse essa última frase a sério, bateria 95% da concorrência.) Todo o resto, como branding ou as outras bobagens que gritam por aí aos quatro ventos, não é verdade. O único propósito de um anúncio on-line é fazer as pessoas certas clicarem. Pronto.

Você já viu esses anúncios no Facebook ou outros sites. Os cursos que prometem ensinar a fórmula mágica para escrever anúncios. O anúncio que vai deixar você rico. Aqueles comerciais antigos de TV com a ideia de que usar poucos anúncios é igual a grandes lucros. Anúncios que prometem ensinar a escrever o anúncio perfeito e atrair uma avalanche de clientes nas redes sociais, AdWords ou mesmo mailing direto. Jogam com seu desejo (e sua crença) secreto de que pode desvendar o segredo do anúncio perfeito que vai te trazer uma pilha de dinheiro.

Essas promessas são atraentes, porque você deve ter mais fracassos que sucessos no seu currículo de anúncios sem essa tal fórmula mágica. O negócio é que, no fundo, você os odeia por causa do sucesso. Como você se sente em relação a esses anúncios de quem sabe criar anúncios enquanto você não sabe? Como se sente ao ver essas imagens do sucesso?

Você acha que seus concorrentes são bons em tudo quanto é tipo de anúncio ou só nesses de curso sobre anúncios no Facebook? Se é assim que pensa, você não está sozinho. Eu também passei por isso. E vou te contar o que aprendi nos últimos 25 anos com anúncios on-line.

Neste segredo, mostro cinco verdades sobre anúncios. Cinco segredos dentro de um segredo. Se isso não é superar expectativas, não sei o que seria.

A PRIMEIRA VERDADE SOBRE ANÚNCIOS

Novamente, o único propósito de um anúncio on-line é levar as pessoas certas a clicarem no seu link. Prefiro cem pessoas certas clicando no meu link a 10 mil erradas. É assim que se desperdiça dinheiro com anúncios.

Se o seu anúncio mirar na pessoa certa, você vai gastar bem menos. Gasta menos porque menos pessoas clicam. Se mais pessoas certas clicam, seus custos caem dramaticamente, porque você não mandará as pessoas erradas para sua landing page.

A SEGUNDA VERDADE SOBRE ANÚNCIOS

Curiosidade é a chave. É o modo número um de levar as pessoas certas a clicar. Se o anúncio gerar curiosidade, seus prospectos vão clicar. Pronto. Atice a curiosidade. O único propósito de um anúncio on-line é fazer as pessoas certas clicarem. No nosso mundo ao mesmo tempo faminto por atenção e com déficit de atenção, onde as pessoas lhe dão menos tempo porque não têm tempo de prestar atenção, a curiosidade é o fator número um para levar ao clique.

O que é? Como eles fazem isso? Essas costumam ser as duas perguntas que queremos gerar na mente dos potenciais clientes para que cliquem no seu anúncio.

A TERCEIRA VERDADE SOBRE ANÚNCIOS

Se não sabe por onde começar ao escrever um anúncio, faça uma pergunta. Só isso. Três perguntas básicas resolvem minha criação de anúncios.

- Está cansado de _____?
- Gostaria de _____?
- Alguma vez você já quis _____?

É assim que se chama a atenção das pessoas certas no seu nicho e instantaneamente se eliminam as erradas. (Note que, no caso dessas três perguntas, queremos uma resposta "sim".)

Exemplos: "Está cansado de se matar para conseguir tráfego para seu site? Gostaria de escrever um livro? Gostaria de escrever e publicar um livro? Já pensou em ser escritor?"

O negócio é que, se disserem "sim", você já conseguiu atenção. Então, use a curiosidade para levar ao clique. Se responderem "não", não vão clicar e não vai custar nada a você. Não é ótimo? Claro que é. Pergunte se estão cansados de viverem com dor e medo. Pergunte se gostariam de um benefício poderoso ou de uma vantagem bacana. Pergunte se já quiseram fazer algo legal.

Fazer uma pergunta é a melhor maneira de começar a escrever um anúncio, especialmente se você nunca fez isso antes. Pode até usar a questão como chamada.

Um parêntese. Um dia, vi um anúncio gráfico no Facebook que me deixou embasbacado. Era uma imagem com uma questão em texto preto simples sobre um fundo branco. Nada de desenhos. O texto era a imagem. Aquilo chamou minha atenção e eu cliquei. O dono do anúncio era meu amigo. A foto dele estava ampliada na landing page. Liguei para ele e perguntei: "Cara, vi seu anúncio, tá dando certo?"

Ele me falou que estava matando a pau. Adaptei essa técnica para minha fórmula de perguntas no anúncio. Antes, eu usava imagens com texto e fazia a pergunta, nunca tinha feito do texto uma imagem. Tente e veja os resultados.

A QUARTA VERDADE SOBRE ANÚNCIOS

AIDA é bobagem. E o que é AIDA? AIDA foi, e ainda é, o conselho de ouro para propaganda impressa off-line. É um acrônimo para:

- Chame a Atenção.
- Estimule o Interesse.
- Aumente o Desejo.
- Leve-os à Ação.

Você precisa atrair a atenção, geralmente com a chamada. Pode aumentar o interesse com uma imagem. Então, amplifique o interesse com uma promessa seguida de uma sedução para levar à ação.

AIDA era a fórmula perfeita para fazer alguém levantar a bunda da cadeira, entrar no carro e dirigir até uma loja. Não digo que não funcione, mas, para anúncios on-line, você não precisa disso. Lembre-se de que o propósito de um anúncio on-line é levar as pessoas certas a clicar. Pronto.

Você só precisa de três passos. O passo número um é fisgar a atenção. Em geral, com a chamada ou imagem. Ou na primeira frase, se for um vídeo.

Pense em Facebook. Instagram. Twitter. LinkedIn. O que faz você parar e olhar? Não é a chamada. É a imagem. Quando assiste a um vídeo, sua decisão de continuar prestando atenção acontece nos primeiros segundos. Por isso o Facebook mede a métrica de sucesso para um vídeo em visualizações de três segundos.

Então, o que acontece nos primeiros três segundos de um vídeo é a parte crítica. Se as pessoas vão ficar ou vazar depende do que você diz e mostra nesses primeiros três segundos. Use emoção. Fale de vantagens e penalidades. Fale de superação e obstáculos. Fale de coisas que seu público quer e não quer. Busque emoção ao chamar atenção. Você não pode ficar em um meio-termo. Não dá para ficar em cima do muro. Não dá para ser relevante para todo mundo. Force o cliente a tomar uma decisão. Alcance esse objetivo por meio de imagens, chamadas e frases cheias de emoção. Emoção é a chave.

O passo número dois é gerar curiosidade. Mostre uma imagem ou uma frase que os faça questionar: "O que é isto? Como eles conseguem?"

O passo número três é o chamado à ação. Diga para fazerem uma ação. A maioria das vezes é "Clique aqui para _____."

Vou dar alguns exemplos. Digamos que seu público-alvo seja formado por pessoas que necessitam de ajuda com planejamento financeiro. O desejo do cliente é ter paz de espírito com as finanças ou obter mais lucro. Qual é o problema? Entender jargão financeiro ou comprar gato por lebre de consultores financeiros.

Um exemplo de copy para anúncios:

> *Quer saber os três segredos de planejamento financeiro de que todo empresário bem-sucedido precisa?*
> *Esse webinar gratuito vai te ajudar a alcançar paz de espírito com suas finanças e a ter mais lucro sem precisar saber todo aquele jargão financeiro. Inscreva-se já.*

Pronto.

Se responderem "sim" à pergunta, estão pensando: "Quais são?"

> *Tenha mais lucro sem precisar saber todo aquele jargão financeiro nem ser levado na conversa pelos consultores de investimentos.*

"Sou eu. Eu quero mais lucro. Sim, quero ver."

> *Clique aqui agora. Não se deixe levar pela conversa de consultores financeiros ineficientes.*

"Quê? Meu Deus! Odiei aquele último cara" ou "Eu odeio nosso consultor. O que fazer?"

> *Webinar gratuito revela como conseguir retorno sem precisar se tornar um investidor full-time.*

"Puxa, eu queria mais retorno mesmo."

> *Três segredos de planejamento financeiro para pequenas empresas que todo empreendedor de sucesso precisa saber. Clique aqui agora.*

"Eu tenho uma empresa pequena. Quais são os segredos?"

Você vai rir da cara dos problemas financeiros se seguir este plano simples. Qual é? Clique aqui para saber.

"Cara, vou ser obrigado a clicar."

Queiram clicar ou não, eles precisam clicar.

Outro exemplo. O público-alvo são os coaches que precisam de um marketing melhor para atrair mais clientes. Eles desejam mais clientes, mais dinheiro e mais liberdade. Qual é o problema? Eles perdem dinheiro com marketing e perdem tempo com leads que não convertem.

Exemplos de copy para anúncios.

Cinco segredos de marketing de que todo coach precisa.
Cinco segredos de _____ de que todo _____ precisa.

Pense em como aplicar essas fórmulas testadas no seu negócio.

Cinco maneiras de parar de perder tempo com leads que não viram clientes. Clique aqui agora.

Tem emoção? Sim. Foca no problema? Com certeza. Lembre-se: o propósito é fazer clicar.

Como conseguir mais clientes de coaching.
Como conseguir mais _____.

Como falar a mesma coisa de outra maneira?

Quer conseguir mais.
Quer mais.
Quer mais clientes de coaching?
Quer mais retorno no seu investimento?
Quer _____.

Cinco segredos para ganhar mais dinheiro e ter mais liberdade como coach, sem desperdiçar tempo com leads que não convertem. Clique aqui.

Boom.

Vamos rever as chaves para um anúncio incrível que gera cliques das pessoas certas.

1. Chame atenção com emoção.
2. Atice a curiosidade.
3. Por fim, chame à ação, com clareza.

A QUINTA VERDADE SOBRE ANÚNCIOS

É um jogo de números. Vender mais e conseguir mais dinheiro on-line com anúncios nada mais é do que um jogo de números.

Pela minha experiência, pode levar de dez a cinquenta testes de anúncios para encontrar aquele que funciona bem o suficiente para ser lucrativo. A maioria das pessoas para antes de achar o que funciona. Desiste cedo demais.

"Cara, já tentei todo tipo de anúncio."

"Quantos?"

"Um monte."

"Quantas campanhas, exatamente?"

"Umas duas."

"Ok, e quantos anúncios em cada campanha?"

"Dois."

Testam quatro anúncios e decidem que anúncios não funcionam. Que besta. É um jogo de números, simples assim.

Veicular anúncios é como um dos meus programas favoritos de TV, *Febre do ouro* da Discovery. O programa é uma metáfora excelente para veiculação de anúncios on-line. As pessoas do programa peneiram toneladas de terra nas áreas em que acreditam ter ouro. Fizeram testes, então sabem que tem ouro ali. Peneiram o solo com máquinas para extrair frações de ouro a cada tonelada ou "jarda". É um processo de separação imenso.

É o mesmo para anúncios. Um processo de triagem gigantesco. São as pessoas que você acha que se tornarão clientes. São os anúncios que você acha que funcionarão para converter. Rode um anúncio e veja o que acontece. Se funcionar, continue. Se não, teste outra coisa. Se o teste der certo, você então vai peneirar um monte de terra.

A maioria das pessoas que vende cursos sobre anúncios não quer contar que pode levar até cinquenta testes, porque eles sabem que parece difícil. Ninguém quer comprar dificuldade. O melhor a fazer é testar esses cinquenta rapidamente, eliminar os péssimos, encontrar os poucos que funcionam bem e fazer estes em escala.

Essa é a fórmula mágica. Acabei de resumir o curso de mil reais sobre anúncios on-line em: escreva de dez a cinquenta anúncios com emoção, curiosidade e chamado à ação, e teste. Livre-se dos que não funcionam. Encontre os que funcionam e os use em larga escala. O fato é que ninguém roda um anúncio e ele vira um hit de cara. Não funciona assim. Se você já tentou antes e falhou, não se sinta mal. Ninguém sabe qual anúncio vai funcionar antes de testar todos os que não funcionam.

Ah, inclusive, é uma tarefa eterna. Infinita. Chega uma hora que o anúncio para de funcionar. Pense assim: anúncios vêm e vão. A fila anda. Não se apegue. É assim que funciona.

Antigamente, dava para veicular um único anúncio em revista impressa por anos? Claro. Dá para fazer isso hoje em dia com anúncios impressos? Claro, mas no on-line os anúncios têm prazo de validade. Ainda mais no Facebook e em outras redes. Só porque seu anúncio está funcionando, você não vai se aposentar na semana que vem. Continue testando. Encontre novos ângulos e gatilhos para usar com seu público-alvo, porque a roda não para de girar.

Mude seu mindset de copywriting: "fracasse logo" com os perdedores e não desista até achar os vencedores. Emprestando uma metáfora do mundo do investimento: corte fora os perdedores e continue com os vencedores. Não se apegue.

RESUMO

1. O único propósito de um ter um anúncio on-line é levar as pessoas certas ao clique.
2. Na maior parte do tempo, você precisa testar MUITOS anúncios até encontrar os poucos que funcionam.
3. Quando encontrar os que funcionam, não fique só aproveitando os louros. Você precisa bolar mais anúncios para substituir os que forem parando de funcionar.
4. Chame a atenção. Atice a curiosidade. Leve ao clique... Essa é a fórmula mágica para os anúncios on-line.

SEGREDO #29

NÃO DÁ PARA PESCAR SEM ANZOL

"Coloque o ponto principal da sua propaganda na chamada. Use a chamada como anzol para fisgar e pescar aquele grupo especial de pessoas que você deseja interessar."

JOHN CAPLES

Então, o que é o anzol? Como criar? Onde e como usar? Anzol é o ângulo ou o enfoque que desperta uma curiosidade intensa no público-alvo. É a chave.

O propósito do anzol não é vender, convencer nem converter. É fisgar pela curiosidade. Ele puxa a pessoa para o resto do seu copy de vendas.

Por que ter um bom anzol? Sua oferta precisa ser memorável. O anzol traz as pessoas para o seu mundo rapidamente. A atenção lidera o resto. Se capturar a mente, o resto vai atrás. Se sua isca fisgar a atenção da pessoa, ela vai querer mais informações. A curiosidade leva à atenção focada.

O anzol não é uma Proposta Única de Venda (PUV). A PUV – também conhecida como Ponto Único de Venda – é um fator que diferencia seu produto. Essa diferenciação pode ser o custo mais barato, a qualidade mais alta ou o primeiro produto do tipo. Pense na PUV como aquilo que você tem e que seus concorrentes não têm, mas isso não é o anzol.

Uma PUV pode ser significativa para o sucesso, especialmente em mercados concorridos. Ela diferencia seu negócio. Um anzol distingue a sua mensagem de vendas.

Então, a PUV é o que torna o seu produto ou serviço diferenciado. Um anzol é uma história rápida que gera curiosidade sobre essa diferença. Exemplo. O anzol: "Jogador de golfe com apenas uma perna pontua mais que Tiger Woods." A PUV poderia ser: "Nosso vídeo de três minutos conserta 90% dos problemas de tacada."

Outro exemplo. Anzol: "História do homem de 76 anos que me deixou em forma." Por se tratar de um produto fitness, a PUV poderia ser: "Exercício especial de musculação inédito." Capturamos atenção com o anzol, mas a PUV diferencia o produto dos competidores.

Anzóis costumam ser histórias ou ângulos "escondidos". É importante encontrá-los. Às vezes é difícil encontrar um anzol na sua história ou no seu produto, porque podemos subestimar o que as pessoas acham legal. Busque uma história escondida na sua oferta que deixaria as pessoas animadas ou ao menos curiosas.

Alguns anzóis que já usei:

- "Corretor imobiliário rebelde." Usei para vender meu e-book sobre como vender sua casa sem imobiliária no fsbohelp.com.
- "Corretor hipotecário revela a corrupção dessa indústria." Usei para um produto sobre hipoteca com base na minha experiência como corretor nessa área. O anzol era a delação. Inclusive, algumas das práticas que descrevi foram as mesmas que levaram à crise financeira de 2008. Não é revisionismo histórico, é a verdade. Revelei práticas como cobrar taxas extras ou taxas variáveis impraticáveis, dez anos antes da crise.
- "De falido com problema no coração, morando em trailer com goteira e sem aquecedor, a milionário da internet." Esse anzol gerou resultados mistos, mas mereceu seu lugar.

Como criar um anzol? O processo é arte e ciência combinados. Vou dar uma visão geral e depois vários exemplos, porque é aí que a arte *versus* ciência entra. Um anzol costuma ser uma história de uma frase só: a seu respeito, de outra pessoa ou mesmo de um personagem fictício que pareça seu prospecto. Pense assim: um personagem improvável, mais timing, mais resultados. Ou um resultado sem dor, mais timing. O que quero dizer? Vamos falar rapidinho da história de uma frase só.

"Como usei um truque simples para passar de falido morando no trailer a investidor imobiliário bem-sucedido."

Aqui está um anzol que poderia ser usado para um curso sobre investimento imobiliário:

"Corretor de imóveis iniciante consegue fechar 52 negócios no primeiro ano usando essa descoberta do século xv."

Você deve estar pensando: "Que raios é isso?" Esse é o gancho que eu poderia usar sobre o fato de que todo corretor precisa de um livro. E qual é a descoberta do século xv que esse corretor iniciante usou? Em 1440, Gutenberg inventou a prensa. Você poderia dizer: "Cara, não exagera." Nessa eu exagerei mesmo. Encontre a história criativa. Qualquer corretor vai pensar: "Um iniciante conseguiu fechar 52 negócios no primeiro ano usando uma descoberta do século xv? Que será? Vou ler mais."

É só isso que queremos.

Outra:

"Ex-entregador de pizza mostra um truque estranho para se tornar um autor best-seller em um fim de semana."

Eu poderia usar esse anzol porque fui entregador de pizza por três anos. Então, sou ex-entregador. Posso mostrar um truque para se tornar best-seller na Amazon em um fim de semana? Certamente. Usando redes sociais, amigos e compras programadas, posso mostrar como fazer isso em até um dia, mas um fim de semana é mais legal.

Mais um:

"Conheça Bob, que usou um segredo de 1.600 anos para salvar seu casamento."

O que pode ser um segredo de 1.600 anos que salva casamentos? Você não precisa explicar no anzol, mas use-o para fisgar o cliente.

Você pode usar uma combinação de elementos com a fórmula. Vamos ver o exemplo de personagem improvável, mais timing, mais resultados.

"Ex-faxineiro perde tudo. Após lançar seu e-book, ele compra uma casa em um ano e meio."

Eu poderia usar este. Fui faxineiro durante o verão de 1986, na faculdade. Acordava às quatro da manhã, andava oito quilômetros de bike, abria a loja, varria e passava pano em tudo antes das sete. E eu comprei minha casa com o lucro do meu negócio de e-book. Bom, fui faxineiro em 1986 e comprei a minha casa em 2002. Então, estou combinando as coisas, mas é tudo verdade. Vai gerar uma curiosidade intensa.

Outro.

"Criador de galinhas perde 15 quilos em dois meses graças a uma combinação improvável de Oprah Winfrey e ex-SEAL da Marinha."

Outra vez, uma história minha. Criador de galinhas? Sim, eu tenho doze galinhas. Perdi quinze quilos nos últimos dois meses. E a Oprah? Ela é parceira do Vigilantes do Peso, e eu usei o programa deles para fazer dieta. E o Stew Smith, meu amigo, é um ex-SEAL que me treina há cinco anos.

Consegue enxergar a arte em pegar esses elementos e combiná-los? Sua mente não consegue evitar o "Caramba! Que história é essa?" Essa é a única reação possível. Seu cérebro quase entra em parafuso. Não dá para evitar. Você *tem* que saber.

Vamos analisar outra fórmula. Resultado, mais timing, menos dor.

"Perca o peso que quiser nos próximos 30 dias, sem dieta nem exercício."

O quê? É isso que eles estão procurando! Ou ao menos era o que pensavam, até descobrirem que é a dieta da metanfetamina.

"Crie e publique um livro muito lucrativo em apenas três horas sem escrever uma única palavra."

É um ótimo anzol e totalmente possível.

Onde e como usar um anzol? Na chamada. No copy. No começo do copy. No primeiro parágrafo. Nos stories. Em anúncios e postagens nas redes sociais. Em memes e infográficos. Você pode usar em qualquer lugar onde queira chamar atenção. A coisa linda do anzol: use em qualquer lugar, fisgue, puxe e leve seu público para onde quiser.

RESUMO

- Um anzol é basicamente uma história de uma frase só usada para chamar atenção e gerar uma curiosidade intensa.
- Anzóis são arte e ciência.
- Use fórmulas para combinar diferentes elementos e criar anzóis efetivos.

SEGREDO #30

CRIE SEU SWIPE FILE

"Colecione bons anúncios e cartas comerciais. Leia-os em voz alta e copie-os na sua caligrafia."

GARY HALBERT

Quer você tenha ouvido falar ou não, todos os copywriters que se prezem possuem um arquivo chamado "swipe file". O que é um swipe file? É uma coleção de anúncios, postais, e-mails, catálogos, cartazes, flyers ou qualquer coisa relacionada à venda. No passado, era construído com cartas comerciais, folhetos ou qualquer coisa impressa.

E por que você precisa de um? Quando se senta para escrever seu copy de vendas, não dá para sair produzindo instantaneamente. É como em um exercício físico, uma boa prática requer aquecimento, algo para preparar os músculos e acordar o corpo. Para escrever um bom copy, seu mindset precisa estar aquecido. Uma boa maneira é ler bom copy. Seja copy seu ou um swipe file, leia algo para se aquecer. Se precisa escrever chamadas, uma maneira simples de começar é lendo algumas. A mesma coisa vale para e-mails, ofertas e cartas de vendas.

Como isso ajuda você? Sua mente aquece com os padrões que funcionam. No swipe, não tem coisa que não funcione ou não chame a atenção.

Quem deve ter um swipe file? Todo mundo. Se você está lendo isso, precisa de um.

Como organizar? Bem, há duas formas. Pode ser uma pasta digital ou de impressos.

Dá para desenvolver um swipe file digital rapidamente, e eu recomendo. Capture telas das coisas que gosta ou salve a página inteira. Eu uso um programa chamado Snagit, da TechSmith, que também faz o Camtasia. O Snagit permite capturar tudo, desde uma imagem até uma página de internet inteira. Esses eu salvo em pastas com subpastas específicas para anúncios, chamadas, chamados à ação, stories e bullets. Quando quero me aquecer, dou uma espiada rapidamente nesses arquivos.

Para os impressos, guardo-os em envelopes separados para e-mails, chamadas, cartas de vendas, minhas coisas e coisas dos outros. Até já encadernei alguns. Você não precisa fazer isso. Como usar? Eu uso como um organizador mental sempre que preciso fazer algo. Se preciso escrever chamadas, olho as chamadas. Se preciso escrever bullets, olho o envelope de bullets. Se preciso escrever cartas de vendas, olho as cartas de vendas.

O Funnel Scripts começou como um swipe file interativo. Eu não tinha intenção de vendê-lo. Era minha arma secreta para criar conteúdo ou copy de vendas para webinars, ofertas especiais, lançamentos de produtos ou e-mails. Passei a demorar 15 minutos para fazer o que antes me custavam horas ou até mesmo dias. Até hoje, quando uso esse software, parece que estou "colando".

Quando acrescentar algo novo ao swipe? A resposta é: sempre que algo chamar sua atenção! Eu me lembro de ver uma revista sobre videogame em uma banca. Uma das chamadas dizia: "Os segredos do *Grand Theft Auto* que você não deveria saber." Meu cérebro imediatamente trocou o nome do jogo por "marketing de e-book". A chamada ajudou a lançar um site que gerou seis dígitos de lucro. Lembro-me até hoje da imagem na capa. Era um desenho de uma mulher chupando um pirulito. Uma capa provocante que chamou minha atenção. Sempre que vir algo, tire uma foto com seu celular, mande para você mesmo e acrescente ao seu swipe. Nunca foi tão fácil criar um swipe file.

E, por fim, quando começar a criar o seu? Agora! Sem um swipe file, você está em muita desvantagem. Claro, você pode usar um software especializado, e eu recomendo muito. No entanto, ter seu próprio arquivo de tudo – de títulos de postagens a introduções, até parágrafos inteiros, de qualquer coisa, será um atalho no processo que vai economizar um bom tempo. Este é o quem, quê, por quê, quando, onde e como de um swipe file. Se não tem, você precisa. Se tem, use.

RESUMO

1. Swipe files aquecem seu músculo de vendas, como em um exercício físico.
2. Um swipe file pode conter tudo que te chama a atenção e funciona.
3. Seu swipe file NÃO precisa ser do seu nicho. Eu me inspiro com revistas de videogame, por exemplo.
4. Se não tem um, comece. Se tem, use!

SEGREDO #31

POLINDO SEU COPY DE VENDAS

*"'Termine seu primeiro rascunho, depois conversamos', ele disse.
Demorei a entender como esse conselho foi bom. Mesmo se fizer
tudo errado, escreva seu primeiro rascunho. Somente então, com algo
completo e cheio de falhas, você saberá o que corrigir."*

DOMINICK DUNNE

Brilhe, baby! Na hora de ganhar dinheiro, as pessoas julgam seu copy. Julgam pela qualidade das palavras ditas. Faça uma revisão gramatical. Faça uma revisão ortográfica, de pontuação e formatação. Garanta que, quando alguém ler, ouvir ou vir, você não faça papel de bobo. Quer queira, quer não, erros ortográficos, dados errados, layout problemático e quebras de linha esquisitas levam a julgamento negativo.

Se não se der ao trabalho de revisar sua mensagem de vendas, o que está dizendo ao público sobre a qualidade do produto? Se está vendendo informação, treinamento ou coaching, as pessoas julgam seu nível de profissionalismo pela gramática, pela ortografia, pela pontuação e pela formatação. É verdade. Não fique se achando e pensando que não importa. Importa, sim.

Confira a aparência do copy e do vídeo em todos os navegadores: Chrome, Firefox, Opera, Edge. Como fica e como roda.

Aprendi essa lição em 1996, quando comecei meu negócio on-line. Um website que criei para uma corretora imobiliária estava perfeito no meu monitor. Fiquei animado para mostrar, então fui até a casa dele, abri no computador dele e estava uma porcaria. O fundo ficou cinza, e todas as imagens estavam horríveis, porque a resolução do monitor era diferente.

Então, eu me toquei: "Meu Deus, quase perdi essa conta porque não conferi essas coisas antes."

Desde então, confiro meu copy em vários navegadores. Quando esqueço, sempre me dou mal. Ou seja, você precisa conferir a aparência.

Também precisa conferir em diferentes sistemas de operação, incluindo PC, Mac, iPhone, iPad, Android e Linux. Por quê? Porque a forma como a mensagem do copy aparece no dispositivo das pessoas não é culpa delas. Se ficar bom, levamos o crédito; se ficar ruim, levamos a culpa. Confira a aparência em todas as condições possíveis, para não sabotar seu copy com uma aparência horrível.

Em seguida, confira o caminho secundário de leitura. Com texto, isso significa conferir o copy para ver se a mensagem básica está compreensível. Leia a chamada, os subtítulos e o P.S., que são o caminho secundário de leitura para copy de vendas longos ou impressos. As pessoas dão uma olhadinha, não leem. Dá para sacar a essência da mensagem ao ler a chamada, os subtítulos, as palavras em negrito, as imagens e o P.S.? Se não, trabalhe. É preciso passar sua mensagem pelo caminho secundário também.

Garanto que a maioria das pessoas não faz isto: assistir ao vídeo no mudo. Ainda funciona? Já estou ouvindo o leitor reclamando: "Por que raios alguém ia fazer isso?" Todos os vídeos no Facebook começam mudos. Tem que ter legenda. Há empresas que fazem transcrição de áudios e cobram por minuto. É um investimento que vale muito a pena. Todos os vídeos precisam ter legenda para que possam ser assistidos no mudo e, mesmo assim, captar a mensagem de vendas.

Outra coisa sobre vídeos no autoplay: mencionei em outro segredo que a internet declarou guerra ao autoplay. O Chrome já deu um jeito nisso e os outros navegadores vão copiar, claro. Se o seu som estiver ligado, o Chrome não roda o vídeo automaticamente (autoplay). Vai pausar forçosamente, mesmo se estiver configurado para rodar.

Outro motivo para fazer vídeos que funcionem no mudo é que muitas pessoas vão assistir no trabalho, onde não dá para ouvir. Estão sentadas na baia, sem caixas de som, e não podem ouvir nem se quiserem!

Agora, arranje um segundo par de olhos para seu copy de texto ou um segundo par de olhos e ouvidos para sua carta de vendas em vídeo. O segundo par de olhos vai pegar erros de digitação, erros gramaticais, problemas com o vídeo rodando. Nada é melhor do que alguém usando o próprio computador para revisar sua mensagem de vendas e descobrir qualquer problema técnico que haja.

Tem uma história de um copywriter que sempre dava suas cartas de vendas para os amigos lerem. Se eles não pedissem para comprar o negócio, ele reescrevia. A ideia era que o copy precisava ser tão bom que se alguém lesse e dissesse "essa carta de vendas está ótima", significava que estava péssimo. A única reação aceitável era perguntar onde comprar.

Bem, essa história deve ser meio que uma lenda urbana. Se as pessoas que lerem seu copy não são do seu nicho, por que elas iam querer comprar? Então, essa ideia não é das melhores.

Em contrapartida, se você tiver consumidores dispostos a resenhar seu copy e que depois perguntem quando será o lançamento, bom sinal! Se este não for o caso, a maioria das pessoas não vai ler nem perguntar onde comprar.

Bom, o negócio é não ter a mentalidade "vai que cola". Hoje em dia, no on-line, a velocidade está sendo mais valorizada do que o pensamento ou o método, mas sua linguagem importa, sim. E também gramática, ortografia, pontuação e formatação. Não lance sua campanha de qualquer jeito pensando "vai que cola" e depois venha reclamar que as pessoas não estão curtindo porque são idiotas. Elas não são. São as pessoas que vão dar o dinheiro a você.

Por fim, na hora de polir seu copy, pense no teste do escorrega. Quando alguém começa a ler sua mensagem de vendas, você quer que ela deslize e caia na piscina de dinheiro sem percalços. Leia seu copy pensando no tobogã. Tem alguma coisa que vai travar a descida? Erros gramaticais, visuais? Soa estranho? Gera atrito? É uma conversa sem silêncios constrangedores e pausas estranhas. Uma seção leva a outra? Ao chegar o final de uma, continua em frente tranquilamente? Se não, dê uma lixadinha na linguagem para fluir melhor.

É isso. É assim que se faz um copy brilhar.

> ## RESUMO
>
> - As pessoas julgam seu copy tanto por forma, formatação, gramática, ortografia e pontuação quanto pelo conteúdo.
> - Arranje um segundo par de olhos para buscar erros.
> - Garanta que seu caminho secundário de leitura faça sentido. As pessoas vão apenas passar os olhos, então precisam captar a mensagem assim também.
> - Assista aos seus vídeos no mudo. Ainda assim você compraria?

TODO O RESTANTE QUE VOCÊ PRECISA SABER SOBRE COPYWRITING

Falamos de muita coisa legal nos segredos, mas, antes de terminarmos, alguns pontos extras sobre os quais sempre me perguntam.

QUAL É A DIFERENÇA ENTRE O COPY E A ESCRITA TRADICIONAL?

A diferença é a intenção. Qual é seu propósito ao escrever? Quer divertir? Quer somente passar informação ou quer que o leitor aja?

Copywriting leva a uma ação específica. A ação pode ser um clique, uma compra, uma resposta a um formulário, uma inscrição, uma ligação... Quando a gente pensa a respeito, mais coisas são copywriting do que se imagina.

Blogs são copywriting.

Posts no Facebook são copywriting

Posts no Instagram são copywriting.

Até memes são copywriting, dependendo da forma como são usados.

Se você cria conteúdo e sua intenção é fazer alguém clicar em um link, ir para uma página específica, requisitar uma informação, preencher um formulário, inscrever-se ou fazer uma ligação, esse conteúdo é, então, copywriting.

Então, acho que expandir sua definição de copywriting é algo sábio a fazer. Observe o que você escreve e pense nisso como copywriting em vez de apenas criação de conteúdo.

QUANTO A ARTE/CIÊNCIA DO COPYWRITING MUDOU AO LONGO DOS ANOS?

Essa questão é interessante. Só posso responder a partir da época em que comecei a escrever anúncios no banco que faziam o departamento de *compliance* arrancar os cabelos. Já se passaram 25 anos.

Uma mudança significativa é que você não tem a oportunidade de passar tanto tempo com as pessoas. Antes, era possível dar mais informações e prender mais a atenção. Agora, no mundo virtual, é questão de segundos para chamar e prender a atenção.

A segunda mudança é a curiosidade ter se tornado bem mais importante. Acho que as duas mudanças estão ligadas. É preciso ser mais rápido no estímulo. Chegar ao ponto sem enrolar.

E as semelhanças? Ainda se resolvem problemas, satisfazem desejos, mostram como ajudar a mudar e melhorar uma situação. Releia o Segredo #3 e os dez motivos para comprar. Isso mudou minha carreira de copywriter. Em vez de falar de generalidades, se eu sei por que as pessoas querem comprar, o copy sai mais fácil, pois eu foco, filtro e formato.

QUAL É, NA SUA OPINIÃO, UM COPY TÃO BOM QUE É IMPOSSÍVEL REJEITAR?

A resposta curta é que seu copy faz com que as pessoas acreditem que terão o resultado que querem com aquilo que você vende. Então, se acreditam que você vai resolver o problema deles, que vão ter aquilo que desejam, que vão ganhar ou economizar dinheiro, economizar tempo, evitar a fadiga, evitar a dor ou o que seja, não vão deixar de comprar... se acreditarem.

É necessário fisgá-los, criar um apelo emocional. Dar a prova de que vai entregar. Esse é o checklist mental das pessoas. Primeiro, funciona? Segundo, já funcionou para alguém antes? Terceiro, eu acredito que funcionará para mim?

Às vezes, pode ser simples como uma demonstração. A pessoa vê como o produto funciona e acredita que possa apertar aquele botão daquela determinada forma ou usar o produto de certo jeito. Outras vezes, é tão complicado quanto proporcionar estudos de caso apropriados, usar as palavras corretas e ter os dados para garantir.

Mas o principal é o checklist mental. "Eu acredito que seja possível conseguir o resultado?"; "Outras pessoas conseguiram o resultado?"; "Eu acredito que eu possa conseguir o resultado?"

Essa é a resposta curta.

DEVE SE ESCREVER O COPY ANTES DE CRIAR OU FABRICAR O PRODUTO OU SERVIÇO?

Acredito que, sempre que possível, deve-se criar a oferta perfeita antes do produto.

Quando se escreve um copy para um produto existente, seu cérebro crítico entra em ação: "Faz isso mesmo?" Ou se afirmar algo: "Tá, faz isso, mas estou exagerando?" Esses pensamentos levam ao erro de diminuir as promessas por medo de o produto não se garantir. Então, advogo a favor de criar a oferta imperdível, o melhor copy, e, então, desenvolver o produto que cumpra, ou melhor, exceda as promessas. O copy se torna um mapa para a criação do produto.

Isso é fácil de fazer quando se fala de um produto de informação ou treinamento, porque dá para ensinar tudo o que foi prometido. Com um produto físico, ainda é possível. Precisa projetar aquilo que as pessoas querem comprar, e manifestá-lo em sua forma física no mundo real. Bem, haverá restrições? Provavelmente, mas é sempre mais fácil voltar e falar: "Deixa eu ajustar este ponto no copy" ou, então, "Quer saber? Estou comprometido a fazer dar certo, não importa como, e vamos dar um jeito de fazer acontecer. Vamos mudar o produto para manter a promessa."

É uma estratégia incrível para criar copy que vende igual água. Se criar sua oferta, escrever seu copy antes do produto de informação, o processo é simples. Crie a oferta imperdível e cumpra. A mesma coisa com softwares. É melhor criar o copy antes de desenvolver, porque isso força você a incluir todos os recursos para garantir a venda. Te dá força e propósito para quando o programador falar: "Melhor não fazer isso. É essencial?" Se for parte do seu plano de vendas, diga: "Sim, é essencial. Vamos fazer."

A mesma coisa com um serviço. Um serviço não é entregue até você vendê-lo. Então, mostre como é incrível no seu copy, e cumpra a promessa.

COMO FICAR BOM DE COPY BEM RÁPIDO?

A resposta é a letra p de "prática". A maneira de ficar bom rápido é tentando. Depois que tentar, tem que ser ruim, para ficar bom e depois ótimo. A única maneira de ficar ótimo é sendo bom primeiro. A única maneira de ficar bom é sendo ruim primeiro. E a única maneira de ser ruim é tentando primeiro.

Sugiro a você que crie algum tipo de copy todos os dias, mas não fique trabalhando na mesma coisa durante muito tempo. Arranje uns pares de olhos e observe as reações. O que as pessoas pensam? O que fazem? Ou não fazem nada? A única maneira de melhorar é ver se elas reagem com dinheiro, inscrevendo-se, clicando ou ligando.

É isso. É isso que você precisa fazer. Se quer ficar bom, tem que ser ruim. Antes de ser ruim, tem que tentar. Isso significa lançar suas coisas, testar e analisar. Observe: "Quando faço isso, aquilo acontece. Se eu mudo isso, aí o resultado é aquele." É assim que se melhora. É uma espiral para cima.

QUANTO TEMPO VOCÊ LEVOU PARA SE TORNAR UM EXPERT EM COPYWRITING?

Eu escrevo copy há mais de 25 anos, mas não sou expert. Considero-me bom em vendas. Assim que começar a se considerar um expert, você para de se questionar. No mundo das vendas, é preciso continuar perguntando. Precisa falar: "Espera. O que está funcionando? O que não funciona mais?". Você precisa prestar atenção no que está acontecendo. Precisa questionar: "O que aconteceria se eu testasse isto?" Essas são as perguntas que nos levam adiante. Ver o que funciona, o que parou de funcionar, testar mil coisas novas. Lembre-se: tentar leva ao ruim, que leva ao bom, que leva ao ótimo. Nem sempre se consegue o ótimo, mas o bom dá dinheiro também.

Eu também opero do ponto de vista do "Como posso ajudar?", em vez de "Como vender?", "Como adicionar valor até que queiram me pagar? Para que se sintam compelidos a me pagar? Ou se sintam culpados por não me pagar?" Essas são questões importantes.

Cuidado ao se considerar um expert de qualquer coisa. É muito melhor se considerar um estudante de copywriting. Quanto tempo demora para se tornar um estudante de copywriting? O instante que você demora para se decidir. Eu formataria a pergunta desse jeito. Cuidado ao se declarar um expert. Eu só sou expert em cometer erros. Nisso, sou bom para caramba. Para todo o resto, esforço-me para ser um bom estudante.

COMO ESTRUTURAR UM COPY DE VENDAS E CHAMADAS PARA UMA MERCADORIA SEM GRAÇA E SEM NENHUM RESULTADO A SER APRESENTADO, TIPO A BOBINA DE PAPEL PARA MAQUININHA DE CARTÃO?

Bom, isso é sem graça mesmo. Pense no coitado que tem que comprar essas mercadorias. A questão é: "Qual é a emoção associada?" Ao se pensar em bobina de papel ou qualquer coisa tão chata quanto, quais são os sentimentos que surgem? O que o deixa infeliz ou superbravo? No que sonha acordado? Quais são os problemas com essa mercadoria que a tornam pior?

Isso me faz lembrar de uma conversa que tive com o cara do seguro imobiliário. Encontrei-me com ele uma vez, assinei a papelada. Com ele, eu tinha três casas, quatro carros, um barco, um quadriciclo, um trator e um contrato que cobria tudo isso. Era um seguro bem caro. Recebi uma carta da empresa, não a dele, dizendo que cancelariam um dos seguros de casa.

Eu liguei para ele: "Por que fizeram isso?" Era uma bobeira, fácil de corrigir. Eu falei: "Seu trabalho é permanecer fora do meu radar. Eu não preciso pensar no que estou fazendo com você. Não preciso ter que me preocupar se o seguro está cobrindo tudo, se está funcionando ou não, ou se vocês vão me encher o saco ou não."

Ele respondeu: "Como assim?"

Eu disse: "Seu trabalho é ficar fora do meu radar. Esse é seu trabalho.

Sei que vocês estarão lá se eu precisar, mas vocês não podem ficar me causando um probleminha sequer."

Fui babaca, mas estava com raiva por me mandarem uma carta dizendo que cancelariam o seguro de uma casa quando eu pagava 10 mil dólares por ano havia mais de quinze anos.

O motivo para contar essa história é que, às vezes, quando algo é chato, talvez o ângulo seja: "Fazemos o que precisamos fazer, não te perturbamos, para que você possa seguir a vida com uma preocupação a menos." Então, talvez o negócio seja brincar com o fato de que é sem graça mesmo. "Quer saber? A última coisa em que alguém quer pensar é comprar papel de maquininha de cartão. Isso até formar uma fila de dez pessoas no caixa e a listrinha roxa aparecer. Aí, quando você vai pegar outra bobina para trocar, não tem! É nessa hora que você não quer ter que pensar em papel de máquina de cartão."

Além disso, traz à tona uma situação emocional na qual perceberam que deveriam ter dado atenção à questão do papel. Pode valer a pena explorar esse ângulo. Busque a emoção, a história, o estudo de caso, a situação em que não se trata mais de uma mercadoria sem graça. Mostre ao prospecto que ficar sem a mercadoria é um pé no saco. Comece por isso.

COMO ENCONTRAR UM EQUILÍBRIO MELHOR ENTRE O FOCO E VOCÊ E COMO VOCÊ SERÁ INCRÍVEL QUANDO COMPRAR MEU PRODUTO, E MEU PRODUTO É BEM LEGAL E VOCÊ DEVERIA COMPRÁ-LO?

A última coisa a mencionar é você e o seu produto. Fale dos clientes e dos problemas deles, deles e do futuro deles, deles e dos desejos, esperanças e sonhos deles. Comece com eles. Seja a ponte do antes ou depois, problema/agite/resolva ou benefício, benefício, benefício em qualquer técnica que você usar. Comece com eles e somente depois transicione para como seu produto, seu serviço, seu software, sua informação os ajudará a conseguir mais do que querem e menos do que não querem, ou ambos.

Comece com eles. A história é sobre o consumidor. O copy de vendas trata deles. É assim que se faz. Não comece falando do seu produto. Fale deles. É como na canção de Toby Keith: "Gosto de falar de você, você, você, mas de vez em quando quero falar de mim." Bem, fale deles bem mais do que de você, principalmente no começo do copy.

UM COPY/CHAMADA COM CONTEÚDO NEGATIVO E BASEADO NO MEDO CONVERTE MAIS DO QUE UM POSITIVO?

Falando de tráfego frio, sim, uma chamada negativa ou que apele ao medo, uma que entre na conversa interna do cliente a respeito de um problema ou dor, geralmente converte melhor. Por quê? Porque chama e prende a atenção. Lembre-se: tráfego frio é composto por pessoas que sabem que possuem um problema mas nem sabem que existe uma solução. E (ainda) não conhecem você nem seu produto.

Quando falamos de tráfego morno, são as pessoas em busca de uma solução. Sabem que existe alguma por aí. Então, não dá para começar com medo, porque essas pessoas buscam uma solução. Você precisa frasear sua chamada em torno da solução, para que saibam que encontraram o que buscam.

Com tráfego quente, fale da solução, mas também de você e do produto. Eles já te conhecem e o que oferece. O objetivo é a tomada de decisão de compra imediata.

Agora, com o quente e o morno, dá para fechar assim: "Bem, isto não é para todo mundo. Só estamos em busca de pessoas específicas que querem _____." E eles pensarão: "Epa. Peraí. O que você quer dizer é que isso não...?"

Essa saída é popular e conhecida como FOMO (do inglês, *fear of missing out*, ou *medo de ficar de fora*). E é aí que entra o negativo, as pessoas vão agir por medo induzido de ficar de fora.

COMO PEGAR UMA OFERTA SEM GRAÇA DE UM CLIENTE
E DEIXÁ-LA BEM SEXY?

Gostei. Deixar sexy. Emoção é o que deixa sexy. Você já deve ter ouvido isso antes e é a verdade. As pessoas compram na emoção e justificam na lógica. Então, estimule a paixão e você vai estimular o poder de compra.

A maior parte do copy que vejo por aí fala de recursos. Às vezes de benefícios. Raramente de significado, que é onde fica a emoção.

Encontre o significado e a emoção, e os estimule. Aumente o volume. A emoção gera ação.

TRABALHO COM ADICTOS. MUITA DOR E MUITA VERGONHA/MEDO.
COMO LEVAR AS PESSOAS A COMPRAR SEM SER AGRESSIVO DEMAIS?

Há muitas coisas que dá para fazer, mas minha sugestão é usar a ponte para o futuro. Ela envolve questões como: "Como sua vida será se você não parar de beber?", "Como sua vida será se você não parar de usar drogas?", "Qual será o impacto nos seus filhos se não parar com esse comportamento?", "O que vai acontecer ao seu casamento nos próximos meses?", "Ainda estará casado?", "Vai morar na rua?" Não precisa ser agressivo para aumentar a emoção a ponto de esses clientes buscarem ajuda.

Outra coisa a fazer é se encontrar com eles onde estejam. "Ei, você tem problemas com bebida? Tudo bem, muitas pessoas têm. Vamos falar abertamente por um instante. O que vai acontecer se _____? E se _____?" Então, continue com: "Bom, é um cenário sinistro. Sim, péssimo. Agora, quero que se pergunte: o que aconteceria se você desse um jeito nisso? Como seria sua vida se parasse de beber? Como seria sua vida se parasse de usar drogas? Como seria sua vida se parasse de abusar da esposa/marido?"

Pinte a imagem deles em uma situação melhor e então mostre o produto, a oferta, a solução. "A boa notícia é que você já deu o primeiro passo, que é perceber que precisa de ajuda. Agora, tudo o que precisa fazer é começar. E esse é o passo mais difícil. Então, quando clicar neste botão, sorria, pois está a caminho da recuperação." Leve-os nessa jornada. Se há muita vergonha, você precisa aumentar essa vergonha, mas então ajude a superá-la. Se há medo, intensifique-o, e então ajude seu cliente a superar. Se a vergonha for muita, farão algo a respeito. Se o medo for muito, farão algo a respeito. Piore e mostre como será a vida se não mudarem. Depois, jogue a boia e diga: "Ei, mas não precisa ser assim. Veja como será a vida em breve, se resolvermos essa situação." É assim que eu faria nesse nicho.

COMO FAZER PARA MEU COPY SEGUIR PASSO A PASSO NO FUNIL E SER CONSISTENTE SEM SER REPETITIVO? QUANTO DA MESMA LINGUAGEM DEVE SER USADA A CADA NÍVEL?

Isso é interessante porque é um fenômeno que vejo direto. As pessoas entendem que precisam de uma landing page, alguns e-mails, uma página de confirmação e uma página de oferta única. Olham essas páginas diferentes no funil e pensam que o copy de vendas precisa ser diferente. No entanto, é preciso ter uma mensagem consistente. Você vai querer usar as mesmas palavras. O negócio é que dá para usar as mesmas palavras no e-mail e no copy de vendas. As palavras na página podem ser as mesmas do vídeo.

Não reinvente a roda do copy. Use o mesmo, repetidamente. Quanto mais o cliente o vir, mais familiaridade e conforto sentirá, o que vai servir para reforçar a mensagem.

A outra coisa é se certificar de que, conforme se faça a transição de sua confirmação ou de sua oferta única, tudo fique, em termos de estilo, igual. É óbvio que a pessoa ainda está no mesmo site. É óbvio que ainda é a mesma pessoa falando com ela. É óbvio que ainda estão na mesma conversa.

Precisa ter a mesma aparência, a mesma leitura e funcionar da mesma maneira por todo o funil, a começar por anúncios, e-mails ou o que for que esteja trazendo seu tráfego até você. Tudo deve ser congruente, usar as mesmas palavras e imagens semelhantes. Estilisticamente, tudo deve ser igual. De outro modo, haverá confusão. E não apenas confusão, desconforto.

HÁ TÉCNICA OU VALOR EM USAR O VERNÁCULO LOCAL NO COPY? DISSERAM-ME RECENTEMENTE QUE MEU COPY NÃO SE ADEQUA À GERAÇÃO MILLENNIAL.

Quando falamos em entrar na conversa dentro da mente do consumidor, isso significa usar as palavras que eles usam, senão, as palavras estão erradas. Isto é, esse conselho é bom. Use as palavras que seu público usa. Pode ser vernáculo local ou podem ser palavras do momento, gírias, frases, de modo que saibam que você está se dirigindo a eles. Não quer soar como se os subestimasse; por sua vez, você também não pode parecer o idiota que não sabe de nada.

É importante usar essas palavras, mas também é crucial que sejam genuínas e sem exagero. Ao mirar nos millennials, não escreva como se tivesse treze anos, mas também não como um adulto de cinquenta anos sem noção. Coloque algumas gírias aqui e ali, palavras-chave, termos que demonstrem o quanto você os entende. Não precisa ser gíria ou vernáculo local, mas elas precisam funcionar nesse sentido.

POR QUE ALGUMAS PALAVRAS OU FRASES SE CONECTAM MELHOR COM OS PROSPECTOS DO QUE OUTRAS?

As palavras que se conectam são as que eles usam. Se estiver usando palavras que eles não usam, não entendem ou com as quais não se identificam, então você não vai se conectar.

Outra coisa que ajuda é usar verbos nas chamadas. Por quê? Verbos criam imagens mentais, forçam as pessoas a imaginar algo.

Um exemplo rápido: "Como escrever e publicar um e-book extremamente lucrativo." "Escrever" e "publicar" geram visualização. Agora pense nessa chamada "Como ser um autor publicado." Essa é mais difícil de visualizar. É a história da escrita passiva *versus* ativa. Busque a respeito no Google. Escrita ativa usa verbos de ação; escrita passiva usa verbos de ligação, como é, sou, era, ser. Os verbos ser/estar não criam emoção na mente das pessoas. Em vez disso, fica confuso, parece que você está enchendo linguiça.

Uma voz ativa é clara, direta e não enrola ninguém. As pessoas entendem a mensagem rapidamente. Há muitos cursos sobre o assunto, aposto que alguns são gratuitos; dê uma pesquisada.

Outra coisa é usar conectores de copy, que são transições entre blocos de copy. O que isso significa? Acabei de usar um com "o que isso significa". Vou explicar. Aí, outro conector de copy (vou explicar). Use essas orações para conectar partes do copy.

Outro é "por exemplo". Por exemplo... quando você transiciona entre a parte do seu copy onde introduz a solução com vários bullets e outra. Então pode ser que precise de uma transição assim: "Nesse ponto, deve estar imaginando, quem sou eu para fazer essas afirmações sobre poder ajudar você a escrever seu livro?" Aí está um conector de copy. Mostre, demonstre ou fale de você e de suas conquistas. Depois, pode usar outro conector como: "Mas não acredite só em mim, olhe isto." Ou: "Mas não sou o único..." Esse conector introduz a seção de testemunhos e estudos de caso do seu copy.

"Agora, a essa altura, você já deve estar imaginando quanto vai custar tudo isso?" Aí se apresentam o preço e o desconto. Então, pode falar algo na linha de "mas antes de tomar a decisão, dá uma olhada na cereja desse bolo" e introduza os bônus. Agora, a transição do bônus para a última chamada à ação ou a garantia. Digamos que queira ir para a garantia. "Não se preocupe, você tem total garantia de 100% de devolução do seu dinheiro." Após a garantia, você poderia dizer: "A escolha é sua. É hora de começar." Então, passe para o resumo. Ao final, pode usar um conector do tipo: "Ah, e mais uma coisa", para mostrar tudo no p.s. "Hora de fazer sua escolha."

Se você pensar nisso tudo como uma grande conversa – o que é –, seu copy vai fluir.

Muitas pessoas dizem que não leem posts compridos no Facebook. Será por ser comprido ou porque não se conectam? Não importa se são posts, artigos, vídeos, webinars ou cartas de vendas compridos. As pessoas interessadas vão ler, ver e ouvir. As não interessadas não vão. Mire nas pessoas corretas.

Se ninguém ler seus longos posts ou suas cartas de vendas, ou vir seus vídeos longos, então seu público-alvo está errado ou seu copy é uma porcaria e precisa ser encurtado. Não se apegue. Mude. Faz parte do processo.

Se não funcionar, não adianta rodar mais. Talvez você precise mudar quem está recebendo. Se não, tente algo diferente, algo mais curto, outra chamada, outra oferta. Apenas tente algo diferente.

Evite se tornar um resmungão que diz: "Bem, não funciona. Eu não devo ser bom" ou "Copy longo não funciona mais." Não. O *seu* copy longo não está funcionando. Essa é a questão. Aceite. Tente algo diferente. Veja se consegue alcançar o resultado que deseja. Então, se algumas pessoas te falam que não leem posts longos, legal. São do seu público-alvo? Compraram alguma coisa? Leve em consideração a fonte.

COMO USAR CURIOSIDADE NO COPY DE VENDAS, RÁPIDO, FÁCIL E SEM IRRITAR OS PROSPECTOS?

Não use curiosidade não relacionada com a oferta ou o copy de vendas. O exemplo clássico é a chamada "sexo" em letras garrafais. Que depois diz: "Ok, agora que tenho sua atenção vamos conversar sobre o melhor detergente do mundo." A não ser que exista alguma tara esquisita com detergente, as pessoas vão ficar bravas.

É propaganda enganosa. Não use. Use curiosidade para dar mais sede, mais animação e mais interesse no seu produto. Um bom exemplo é: "Consegue escrever um livro em três horas? É possível? Acredite ou não, é totalmente possível. Vou te mostrar como." Isso aumenta a curiosidade e é real.

Faça uma pergunta que pareça além da realidade, usando o "e se". "E se você pudesse ter a credibilidade de um autor publicado em apenas três horas? Legal, hein? Bem, acredite ou não, é possível, e eu posso provar." Algumas pessoas vão se interessar nisso aí. Comece com uma proposta maluca, mas possível.

Outra coisa, no formato de pergunta, vai escapar dos censores do Facebook e do Google, pois se trata de uma simples pergunta, não de uma afirmação.

Escreva o que o público-alvo precisa embrulhado no que ele quer, para criar identificação. As pessoas compram o que querem. Raramente compram o que precisam. Exemplos: "Quero o último jogo do Xbox", "Quero perder peso, mas preciso comer saudável", "Quero comer um cheeseburger mais do que quero perder peso." O problema é que as pessoas compram o que querem. Venda o que elas querem e inclua aquilo de que precisam (se estiverem dispostas a entrar em ação).

O que quer que seja que queiram, venda! Mas inclua no pacote o que precisam, para terem um resultado autêntico. Só não fale muito do necessário nas vendas, porque eles não se importam.

O QUE FAZER PARA MANTER AS PESSOAS ENGAJADAS E LENDO O COPY?

1. Use imagens que as façam seguir adiante.
2. Quebre o texto com bullets em negrito.
3. Não use parágrafos gigantes, quatro linhas no máximo. Quando estou escrevendo copy para a web, uma frase já é um parágrafo.
4. Mantenha o movimento.
5. Mantenha o foco no leitor, em sua história, suas necessidades, seus desejos e seus problemas.
6. Tudo o que for sobre você e o produto, escreva na forma de como irá beneficiar *o cliente*, ajudá-lo, enriquecê-lo, melhorar a vida dele, como irá aliviar a dor e dissipar o medo. Mantenha o foco nele, continue desenvolvendo o argumento e não fique de blá-blá-blá.
7. Fale de significado e foque na emoção.

VOCÊ TEM UMA ABORDAGEM OU TEMPLATE DIFERENTE AO ESCREVER COPY DE VENDAS PARA PROMOVER UMA CONSULTORIA EM VEZ DE UM PRODUTO DIGITAL?

É uma questão interessante, porque as pessoas sempre querem pensar: "Meu produto é diferente. Meu mercado é diferente. Meu negócio é diferente. Tudo o que você ensina funciona para outras coisas, mas não para mim."

O primeiro ponto a entender é que pessoas são pessoas, e pessoas compram coisas. Seja B2B ou B2C ou sei lá o quê, é uma pessoa comprando. A pessoa compra na emoção e justifica pela razão. Quer satisfazer desejos e resolver problemas. Quer algo divertido e não cometer erros.

Se eu fosse escrever copy de vendas para vender um produto digital, falaria de como resolver o problema ou satisfazer o desejo ao usar o produto. Com o serviço de consultoria, falaria a mesma coisa, mas com a contratação de um consultor. Não muda nada. Explica-se como o cliente vai conseguir o que quer. Para o produto digital, é só fazer o download e dar uns cliques. Para a consultoria, é só falar ao telefone com você que você resolverá os problemas após uma longa conversa.

Não tem abordagem diferente. É o problema/agite/resolva ou a ponte para o futuro. Onde você está agora é o antes. Depois de nos consultar ou comprar o produto é a solução. Explique como conseguir o benefício. Um é serviço, outro é download.

A COR DO COPY NA PÁGINA IMPORTA MESMO?

A resposta é sim e não. Sim, importa para que possam ler e absorver, e não confundir, chocar ou fadigar. Por que a maior parte dos livros é texto preto sobre papel cor de creme ou branco? Porque é o mais fácil de ler. Estamos acostumados a isso.

Por sua vez, você pode ouvir coisas como "chamadas vermelhas não funcionam" ou "chamadas vermelhas são as melhores". Cuidado com essas previsões infalíveis.

O copy precisa estar arrumado de modo a ser fácil de ler, com um esquema de cor agradável para a maioria. Pronto.

Não sei quanto a cor importa para converter; sei mais quanto ela importa para não vender. Quer irritar todo mundo? Use uma página azul com escrita em amarelo. Garanto que, em 99% das vezes, isso vai acabar com sua conversão.

O QUE ACHA DE USAR UM BOM MICROFONE E PLATAFORMA DE DITADO PARA GRAVAR O PRIMEIRO RASCUNHO DO COPY E DEPOIS EDITAR?

Muitas pessoas sabem contar histórias, mas paralisam na hora de escrever. Em teoria, softwares desse tipo são uma ótima ideia. Na prática, só atrapalham (na minha opinião). Quando se usa esse programa, precisamos nos lembrar de falar "parágrafo, abre aspas, fecha, maiúsculas, novo parágrafo" etc. É uma dificuldade. Você fala, mas perde o fio da meada.

Se quer ditar algo, use um serviço de transcrição profissional (e não feita por software).

Se quero ditar algo curto (menos de um minuto), o melhor é gravar direto no celular. Por algum motivo, ele transcreve melhor que outros softwares. Dá para gravar vários trechos curtos assim.

Se surgir uma ideia, você precisa registrar. Eu estava em uma reunião on-line, falando sobre criar um e-mail de follow-up. Comecei a falar: "Sabe, o e-mail precisa conter…" e cliquei o botão de gravação. Em 58 segundos, falei o que o e-mail precisava dizer e pausei a gravação. Mandei para a empresa de transcrição, que cobrou bem barato pelo serviço. Eu só formatei.

VOZ PASSIVA *VERSUS* ATIVA

A voz passiva usa os verbos ser/estar em vez dos verbos de ação. Sugiro ir atrás e estudar o assunto.

EU AJUDO PESSOAS A VENCEREM O VÍCIO. VENCER O VÍCIO JÁ É OBSTÁCULO O SUFICIENTE OU PRECISO SER MAIS DIRETO SOBRE COMO LIDAR COM O ÁLCOOL?

Como em qualquer outro assunto, quando se fala de algo como vencer o vício, este é o nível um. É a frase que se usa. O problema é que é bastante usada. Não fisga. "Sim, vou vencer meu vício." Então, hora de subir de nível: "Pare de ter problemas com álcool." Mais específico e com mais emoção, mas você precisa subir ao nível três ou quatro. Fale sobre destruir a família, vida em cacos, problemas financeiros, dinheiro acabou, ficar sem amigos, porcaria de vida e você vai parar na beira do precipício.

Aí entra a questão: você vai pular ou voltar e fazer algo a respeito?

Entenda que o que eu acabei de dizer não deve ser usado de maneira alguma. Não tenho condições de dar nenhum tipo de aconselhamento psicológico ou legal. Pelo amor de Deus, nunca fale para alguém na beira de um precipício que a pessoa precisa pular ou dar um jeito na vida: isso seria uma burrice. Por isso que eu não trabalho com nada envolvendo psicologia. Tudo isso é de maneira figurada. A questão aqui é a necessidade de acessar esses níveis emocionais. Ao encontrar a emoção, usando palavras carregadas de sentimento, você terá mais vendas, em vez de ficar naquele nível onde não dói. Nesse caso, precisa doer. Precisa de dor porque dor real leva à ação.

O FUNNEL SCRIPTS FUNCIONA SEM O CLICKFUNNELS™?

Sim. É possível usar o Funnel Scripts para criar copy de qualquer coisa. Não precisa ter o ClickFunnels™, mas é recomendado.

O SNAGIT CAPTURA UMA PÁGINA INTEIRA SEM PRECISAR FICAR ROLANDO O CURSOR?

Sim, ele faz isso.

PODE DETALHAR MAIS SOBRE COPYWRITING PARA PESSOAS QUE SÓ DÃO UMA PASSADA DE OLHOS E CAMINHOS DE LEITURA ALTERNATIVOS?

Quando as pessoas só passam os olhos, elas leem a chamada principal. Provavelmente não verão o vídeo. Olham os bullets. Subtítulos. Talvez leiam a oferta com uma fotografia do produto. Leem o P.S. Procuram o preço. Então tudo isso tem que ter um fluxo lógico para que entendam a oferta.

VOCÊ COMBINA A PONTE ANTES/DEPOIS COM
O PROBLEMA/SOLUÇÃO?

É possível, principalmente no antes. O antes pode ser um problema/agite. O depois é o futuro. A ponte é a solução, que explica o produto.

COMO SUAVIZAR OS RESULTADOS NEGATIVOS DE ATAQUES VIOLENTOS, ESTUPRO E MORTE, NO CASO DE PRODUTOS DE AUTODEFESA, E AINDA ASSIM TER UM COPY EFETIVO, POIS MUITAS FONTES DE TRÁFEGO PAGO ESTÃO SE AFASTANDO DAS VENDAS BASEADAS EM MEDO/VIOLÊNCIA?

Não sei. A primeira coisa que vem à mente é estatística, porque contra fatos não há argumentos. Se usar estatísticas do governo ou algo assim, talvez dê para elaborar um copy em torno disso e ver se vão permitir.

VOCÊ TEM UMA LISTA DE CONCLUSÕES DE QUE GOSTA?

A conclusão mais fácil é: "Bem, isto não é para todo mundo. É apenas para pessoas que são _____." Use algo assim: "Isto é apenas para pessoas realmente interessadas em mudar de vida. Não podemos manter a oferta para sempre, então será apenas para as primeiras cinquenta pessoas." O que seja, faça assim. Não complique nem pense demais. Avise que não vai fazer a mesma oferta para todos.

DEPOIS DE UM LANÇAMENTO, QUAL É UM HORIZONTE DE TEMPO RAZOÁVEL PARA ENTREGAR UM PRODUTO FÍSICO? SE NÃO ESTÁ PRONTO AINDA PARA ENVIO, É ÓBVIO QUE ISSO TEM QUE FICAR CLARO NO COPY, MAS QUERIA SABER QUANTO TEMPO É TEMPO DEMAIS PARA A ENTREGA.

Eu não venderia nada até ter certeza de que o teria comigo em até duas semanas. O melhor é já tê-lo em mãos. Bem, não é porque está escrevendo copy (para um produto que ainda não está no seu inventário), que vai rodar anúncios e aceitar pedidos. Pode dar problema.

Você pode fazer um esquema para testar se as pessoas têm interesse em comprar. Monte o funil, rode anúncios e leve as pessoas até o clique com o cartão de crédito na mão, mas, quando clicarem, lerão a mensagem "Ei, este produto está temporariamente indisponível, mas, assim que ele voltar, enviaremos um e-mail." Assim dá para testar se funciona ou não. Principalmente para um produto físico, melhor não receber pagamento sem o produto pronto para envio. Muita coisa pode dar errado.

CONCLUSÃO

spero que você tenha gostado!

Meu propósito neste livro é ajudar você a vender. Eu tenho uma confissão perniciosa. Este livro é mais sobre vendas do que sobre copywriting, pois, quando você aprende técnicas de vendas, pode aplicá-las à palavra escrita ou falada. Você aprendeu a estruturar mensagens de vendas e a criar uma conversa que leva à ação.

Este livro pode estar no final, mas espero que seja o *seu começo*. Espero que tenha inspirado você a melhorar suas vendas. Tornar-se bom de vendas significa tornar-se bom em ganhar dinheiro. Não há nada de errado em ganhar dinheiro ajudando as pessoas. Este livro também fala de comunicação clara com seus prospectos. Estas três habilidades – vender, ganhar dinheiro e comunicar-se com clareza – devem ser parte de quem você é. Fará uma diferença enorme em praticamente todas as áreas da sua vida.

Pegue os segredos deste livro, aplique-os ao seu copywriting e venda mais. Seja autêntico e, no processo, ajude as pessoas a fazerem diferença na própria vida. É uma situação em que todos ganham.

LISTA DE LEITURA DO JIM

Seducing Strangers, Josh Weltman
Scientific Advertising, Claude Hopkins
Ogilvy On Advertising, David Ogilvy
The Robert Collier Letter Book, Robert Collier
Tested Advertising Methods, John Caples
Breakthrough Advertising, Eugene Schwartz
Advertising Secrets Of The Written Word, Joe Sugarman

AGRADECIMENTOS

Preciso começar agradecendo à minha esposa, Terri. Por ouvir minhas histórias malucas, gerenciar nossa casa e nossas finanças tão bem, garantindo um ambiente estável em que possamos fazer o que fazemos, obrigado!

Obrigado, Soosan Hall, meu braço direito há tantos anos. Nada do que fiz nos últimos quinze anos seria possível sem você ali naquele escritório minúsculo há tanto tempo me perguntando: "Que horas começo amanhã?"

Agradeço a Dan Thomas e Dan Roam, os melhores parceiros do mundo, por me encorajar (um tanto violentamente) a escrever este livro. Vocês me forçaram a crescer, e sou eternamente grato.

Para minha "mãe de hipoteca", Cheryl Morgan, obrigado por me empurrar porta afora e fazer vendas presenciais, aprendendo na prática quando eu queria ficar no escritório fuçando em gráficos e mapas.

Obrigado a todo o pessoal bacana no meu primeiro emprego de vendas na Equitable Life Assurance Society. O falecido Joel Bernhard, Mike McNulty, Mike, Ken Mason e toda a equipe. Embora eu tenha sido um péssimo vendedor de seguros aos 21 anos, aprendi uma coisa: os melhores vendedores são as pessoas mais livres e bem pagas do mundo.

Um cumprimento especial a Steve Powers, uma das maiores personalidades de venda que já conheci. Embora eu não tenha sido o melhor quando trabalhei para você e não tenhamos conversado há mais de vinte anos, você me ensinou lições que duram a vida toda.

Obrigado, Ray Roenker e Ray Bjorkman, por me darem uma chance no negócio de hipotecas em que tive meu primeiro sucesso de vendas na tenra idade de 23 anos. Se não tivessem me dado essa chance, eu não estaria aqui hoje.

Obrigado, Andrew Lacey, um dos melhores professores do mercado imobiliário do país, por ter me ensinado uma das lições mais poderosas: um bom roteiro de vendas bem apresentado pode deixar você rico.

Quero agradecer à minha equipe no Author Academy Elite, Kary, David e Kirsten, por me ajudarem a consolidar este projeto. Embora eu tenha autopublicado dezenas de livros, precisei de uma ajudinha extra neste aqui, e vocês deram conta do recado. Ele nunca teria sido feito sem o suporte e a orientação de vocês. Obrigado!

E, por fim, agradeço a todos que já compraram (ou não compraram) algo de mim: casa, seguro de vida, sepultura, programa de perda de peso, associação em clube de compras, carro, rádio, celular, pizza, hipoteca, e-book, software e mais. Tenham comprado ou não, vocês me ajudaram a aprender mais sobre vendas e as palavras que levam ou não à compra. Por isso, sou eternamente grato.

SOBRE O AUTOR

Jim Edwards começou sua carreira em vendas de maneira nada promissora no fim da década de 1980, depois de se formar em História no College Of William and Mary. No primeiro um ano e meio depois de formado, ele saiu de sete empregos diferentes, incluindo de vendedor de rádio troncalizado, celular, seguro, perda de peso e sepultura. Apenas no negócio de hipoteca Jim descobriu o poder de vender o que as pessoas querem, no lugar certo, na hora certa, com a mensagem certa.

Em 1997, Jim foi um dos primeiros a vender um e-book. Foi aí que ele passou a levar a sério o aprendizado de técnicas de copywriting com resposta imediata (arte de vender no impresso). Por causa das vendas de e-books, Jim apareceu no *New York Times*, na *Entrepreneur Magazine* e em inúmeras publicações on-line e impressas no mundo todo.

Em 1998, ele começou a escrever o "The Net Reporter", uma coluna distribuída a vários jornais, por dez anos.

Jim usou sua habilidade de copywriter para vender milhões de dólares em produtos, serviços, coaching e softwares. Sua paixão é ajudar pessoas não vendedoras a aprender a vender para que possam compartilhar suas mensagens, seus produtos e seus valores com o mundo.

Jim mora na cidadezinha de Port Haywood, Virgínia, onde cria galinhas, brinca com os netos, pesca com a esposa, tira sonecas com o cachorro e corre de madrugada pelas estradas desertas do interior, com uma lanterna na cabeça.